35のテクニックと55種の花の型紙

# フェルト刺しゅうの花図鑑

PieniSieni

日本ヴォーグ社

35のテクニックと55種の花の型紙
# フェルト刺しゅうの花図鑑
Contents

## 花のある風景 ...... P.4-13

### I 花弁パーツを使って作る花 ...... P.14-20
1.バラ／2.パンジー／3.ビオラ／4.ヒメヒマワリ／5.ダリア／6.マリーゴールド

### II ウッドビーズを花の一部に見立てて作る花 ...... P.21-27
7.ナガミノヒナゲシ／8.コスモス／9.ヒペリカム／10.越前水仙／11.スノードロップ／12.スズラン

### III 台紙に糸を巻いて作る花 ...... P.28-31
13.シュウメイギク／14.デイジー／15.タンポポ／16.ハルジオン

### IV 1枚に独立した花弁パーツを束ねる花 ...... P.32-35
17.芍薬／18.ユリ／19.チューリップ／20.クロッカス／21.カメリア

### V わたを詰めた刺しゅうパーツを花の一部に見立てて作る花 ...... P.36-39
22.ジニア／23.ガーベラ／24.サイネリア／25.ポピー／26.ブラックラズベリー／27.クローバーとシロツメクサ／28.イチゴ

### VI 粘土を成形して作る花 ...... P.40-43
29.ワイルドストロベリー／30.ブルーデイジー／31.ピンクマーガレット／32.ワイルドローズ／33.オリーブ／34.ブルーベリー／35.マーガレット／36.ヤドリギ

### VII ポンポンを花の一部に見立てて作る花 ...... P.44-46
37.ルリタマアザミ／38.アザミ／39.フランネルフラワー／40.ハマナス

### VIII 花芯にペップを使う花 ...... P.47-51
32.ワイルドローズ／41.桜／42.ハナミズキ／43.クリスマスローズ／44.アネモネ

### IX ボンテンを花の一部に見立てて作る花 ...... P.52-53
45.ノースポール／46.ミモザ／47.ミヤコワスレ

### X 数種のテクニックを使って作る花 ...... P.54-58
48.フレンチラベンダー／49.フラックス／50.クレマチス

### XI 特徴あるワイヤー使いをする花 ...... P.59-64
18.ユリ／27.クローバーとシロツメクサ／29.ワイルドストロベリー／41.桜／51.フサスグリ／52.タチアオイ／53.タチアオイの花／54.アジサイ／55.ハナビシソウ

基本のテクニック ...... P.107
（型紙の作り方・刺し始めと刺し終わりの処理・ワイヤーの端の処理）

基本のステッチ ...... P.108

アクセサリーの仕立て方 ...... P.109

材料と道具の紹介 ...... P.110

材料のお問い合わせ先 ...... P.111

この本に関するご質問は、お電話またはWEBで
書名／フェルト刺しゅうの花図鑑
本のコード／NV70468
担当／西津美緒
Tel.03-3383-0634（平日13:00～17:00受付）
WEBサイト「日本ヴォーグ社の本」http://book.nihonvogue.co.jp/
※サイト内「お問い合わせ」からお入りください。（終日受付）
※WEBでのお問い合わせはパソコン専用になります。

本書に掲載の作品を、複製して販売（店頭、ネットオークション、バザー）、コンテストへ出品することは禁止されています。個人で手作りを楽しむためにのみご利用ください。

## 花に仕立てるまで

完成までの流れをカンタンに解説!!

> **作業に入る前に**
> 最初にP.107の基本のテクニックを参照して型紙を作り、刺しゅうの刺し始め・刺し終わり、ワイヤーの端の処理方法をご覧ください。フェルトへの刺しゅう方法はバラ(P.17 **Tech1**)、ワイヤーの縫いとめ方や組み立て方法はナガミノヒナゲシ(P.23 **Tech5**、P.25 **Tech10・11**)で基礎を学んでから作品を作りましょう。

### 1. 花弁や葉のパーツを作る

フェルト
花弁　1枚に独立した花弁　葉

ワイヤーを縫いとめる

縫いとめない

→ 刺しゅうする

### 2. 花芯や実のパーツを作る

ペップ　ポンポン　ポンテン　粘土　ウッドビーズ　ビーズ　綿を詰める　台紙に糸を巻く

### 3. 仕立てる

**ワイヤーを通す**

 →

目打ちで穴をあける

**ガクやヘタを貼る**

フェルト　ワイヤー

**各部位を貼る**

**茎を作る**

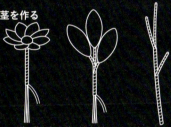

花、葉、実の茎、枝に刺しゅう糸を巻く

**花を立体的に仕上げる**

ボンドで貼る　ワイヤーを曲げて表情をつける

## 「材料」と「実物大型紙」の見方について

「材料」… 本書では25番刺しゅう糸は**DMC**、フェルトは**サンフェルトのミニー**、ワイヤーは**深雪スタジオ**、ビーズは**トーホー**、粘土や絵の具は**パジコ**の商品を使用しています。材料についてのお問い合わせはP.111をご覧ください。

### 材料の見方

〈25番刺しゅう糸〉… 使用量は各色1~2束が目安。刺しゅうする人によって量に差が出ます。
色名(色番号)

〈フェルト〉… 使用量は各色20cm角2枚が目安。裁断に必要なサイズと枚数を記載しています。
色名(色番号)サイズ … 枚数《部位》

〈ワイヤー〉
#太さ(色)長さ … 本数《部位》

〈ビーズ〉
品名(品番/色) … 個数《部位》
ウッドビーズ(形/色) … 個数《部位》

〈その他〉
樹脂粘土、絵の具、ポンテンなどを記載。《 》内は部位

✿✿✿✿✿ … 花の作り方レベル。ピンク色の花の数が少ないほど簡単。

### 実物大型紙の見方

フェルト：花弁・1枚・赤〈濃紫〉

①ローズ〈紫〉ブランケットS[2]
②ワイヤー#24(白)
③ローズ〈紫〉サテンS[3]
④濃赤〈濃紫〉サテンS[2]
⑤濃赤〈濃紫〉サテンS[2]

a 型紙の部位
b 使用するフェルトの必要枚数
c 使用するフェルトの色、〈 〉内はB色の作品
d 刺しゅうとワイヤーを縫いとめる順番
e 刺しゅう糸の色、〈 〉内はB色の作品
f 刺しゅうのステッチ名、[ ]内は糸の本数
g 縫いとめるワイヤーの太さ、( )内は色
*S=ステッチ
*型紙内の-------は切り込み線

**ウッドビーズの形の表記について**
R→直径6/8mm、N6→直径6×長さ9mm、N10→直径8×長さ10mm
左の商品番号を右記に記載しています。
R6→R小　R8→R大　N6→N小　N10→N大

# 花のある風景

フェルト刺しゅうの花がかもしだす優しい風景。
日常がほんのり、柔らかく、
ぬくもりのある雰囲気に変わってくるはず…

### アザミ・ルリタマアザミ

ポンポンメーカーで作るふさふさした感触が
新鮮な花を帽子に飾って。

**作り方**：アザミ P.45、ルリタマアザミ P.93

## チューリップ・ハルジオン

異なる2種の技法で作った花を束ねて
大切な人へ贈る花束に。

**作り方：**ハルジオン P.29、チューリップ P.33

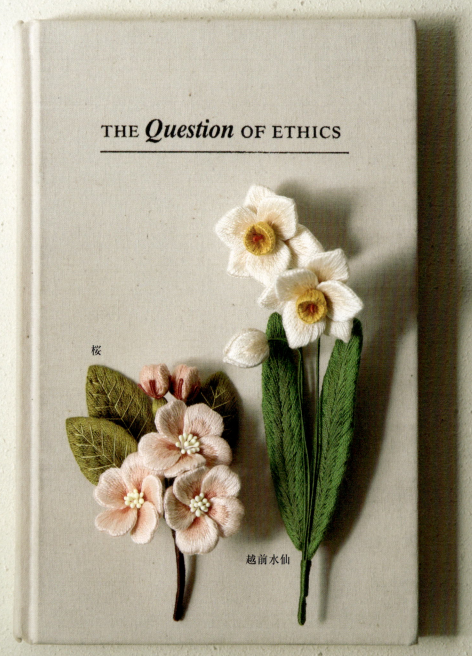

## 桜・越前水仙

和の香りが漂う凛とした佇まいからは
知性を感じられます。

**作り方**：越前水仙 P.76、桜 P.96

## アジサイ

艶のあるブルーの刺しゅう糸の色合いに
惹きつけられる一輪。

**作り方:P.103**

## タチアオイ

刺しゅう糸の色だけでなく、
花弁の表情のつけ方で清楚な印象に。

**作り方：P.104**

## ナガミノヒナゲシ

つぼみの風情と赤い花弁のコントラストが
女性らしさを感じさせます。

作り方：P.22

## タンポポ

触れてみたくなるほどに柔らかな風合いの
かわいい花をバスケットに添えて。

**作り方：P.79**

## ユリ・スズラン・冬色のコサージュ

上品な色合いの花たちはおでかけ着の
ワンポイントアクセサリーにして。

**作り方：ユリ P.35、スズラン P68、冬色のコサージュ P106**

ユリ

スズラン

冬色のコサージュ

## カメリア

一輪でも存在感のあるその姿が
周囲の注目の的に。

**作り方：P.82**

# I 花弁パーツを使って作る花

刺しゅうパーツを重ね、カーブをつけて立体的に形づくるとたくさんの花びらがある花を作ることができます。

1. バラ大（A色）
作り方：P.16

2. パンジー（A色）
作り方：P.66

**Making Point**
花弁パーツを重ねて裏で巻きかがります。最後にビーズの花芯を縫いとめればパンジーのできあがりです。型紙を変えればビオラにもなります。

3. ビオラ（A色）
作り方：P.66

バラ小（B色）

バラ中（B色）

バラ大（B色）

### 4. ヒメヒマワリ
作り方：P.69

**Making Point**

長方形のシートフェルトに切り込みを入れて巻くと、ふんわりとした独特の花芯を作ることができます。花弁パーツの上にこの花芯を重ねて貼ると存在感のある花になります。

### 5. ダリア
作り方：P.70

ビオラ(B色)

パンジー(B色)

ビオラ(B色)

### 6. マリーゴールド
作り方：P.72

**Making Point**

大きさの違う花弁パーツを重ね、中心にビーズを縫いとめることにより立体感を出します。花弁のカーブをおびた切り込みは、花弁の数を多く華やかに見せる効果があります。

(A色)

(B色)

# 1. バラ

作品ページ：P.14
出来上がりサイズ：バラ大 横7×縦7㎝、バラ中 横5×縦5㎝、バラ小 横2.5×縦2.5㎝

バラ大(A色)

バラ大(B色)

バラ中(B色) バラ小(B色)

## 材料

**A色**
〈25番刺しゅう糸〉
藤 (554)《花弁大》
濃藤 (553)《花弁大・中》
紫 (552)《花弁大・中・小》
濃紫 (550)《花弁大・中・小》
〈フェルト〉
桃 (102)
　10㎝角 … 1枚《花弁大》
藤 (680)
　9㎝角 … 1枚《花弁中》
　8㎝角 … 1枚《花弁小》

**B色**
〈25番刺しゅう糸〉
桃 (3608)《花弁大》
濃桃 (3607)《花弁大・中》
ローズ (718)
《花弁大・中・小》
濃赤 (915)《花弁大・中・小》
〈フェルト〉
桃 (102)
　10㎝角 … 1枚《花弁大》
濃桃 (126)
　9㎝角 … 1枚《花弁中》
赤 (120)
　8㎝角 … 1枚《花弁小》

## 作り方

1. 花弁小、花弁中、花弁大の刺しゅうパーツを各1枚作る。(P.17 **Tech1**参照)
2. 花弁小を組み立て、バラ小またはバラ大・中の花芯を作る。(P.18 **Tech2**参照)
3. 花弁中に**2**を貼り、バラ中を作る。(P.18 **Tech2**参照)
4. 花弁大に**3**を貼り、バラ大を作る。(P.18 **Tech2**参照)

## 実物大型紙

＊バラ小は花弁小のみ、バラ中は花弁中・小、バラ大はすべての花弁が必要です。
＊型紙の見方はP.3参照
＊〈　〉内はB色の作品、[　]内は糸の本数
＊型紙内の線は刺す針目の方向

花弁小

フェルト：花弁小・1枚・藤〈赤〉
❶紫〈ローズ〉　ブランケットS[2]
❷紫〈ローズ〉　サテンS[3]
❸濃紫〈濃赤〉　サテンS[2]
❹濃紫〈濃赤〉　サテンS[2]

花弁中

フェルト：花弁中・1枚・藤〈濃桃〉
❶濃藤〈濃桃〉　ブランケットS[2]
❷濃藤〈濃桃〉　サテンS[3]
❸紫〈ローズ〉　サテンS[2]
❹濃紫〈濃赤〉　サテンS[2]
❺濃紫〈濃赤〉　サテンS[2]

花弁大

フェルト：花弁大・1枚・桃〈桃〉
❶藤〈桃〉　ブランケットS[2]
❷藤〈桃〉　サテンS[3]
❸濃藤〈濃桃〉　サテンS[2]
❹紫〈ローズ〉　サテンS[2]
❺濃紫〈濃赤〉　サテンS[2]

# Technique 1
フェルトに刺しゅうをして刺しゅうパーツを作る

**1** P.107の「型紙の作り方」を参照してフェルトを指定の色、枚数に裁断する。チャコペルで描いた面は裏になる

花弁小　花弁中　花弁大

### ★周囲に刺しゅうをする
裁断したフェルトの周囲にブランケットSをします。刺し始めは糸がフェルトから抜けないようにフェルトを少しすくい、刺し終わりも同様に処理をします。

**2** 花弁小に刺しゅうをする。針に刺しゅう手順❶の刺しゅう糸を通し、花弁小の花びらの根元でフェルトを少しすくって針を引く

## ブランケットSをする

**3** もう一度同じ場所でフェルトを少しすくう。フェルトの表に針目がひびかないようにする

**4** フェルトを表に返し、花びらの根元から針を出す

**5** 奥の花びらを向こう側に折って、フェルトの周囲にブランケットSをする。（ステッチの刺し方はP.108参照）

**6** 針目の間隔は針1本分、針目の長さ約2mmで刺し進める

針1本分　約2mm

**7** 周囲にブランケットSをしたところ

## 刺し終わりの処理（玉どめの代わり）

**8** フェルトを裏に返し、ブランケットSの刺し終わりの位置でフェルトを少しすくって針を引く

**9** もう一度同じ場所でフェルトを少しすくう。フェルトの表に針目がひびかないようにする

**10** 針を引いて糸を切る

ブランケットSをすることで、フェルトの周囲に強度がつきます。

### ★花弁を作る
フェルトの縁を包みながらサテンSを刺すことで横から見てもきれいな刺しゅうパーツを作ることができます。

**11** ❷の刺しゅう糸を針に通して花びらの中央のフェルトをすくう。フェルトの表に針目がひびかないようにする

**12** もう一度同じ場所でフェルトを少しすくい、刺し始めの処理をする。表に針目がひびかないようにする

## サテンSをする

**13** 花びら中央のフェルトとブランケットSの間から針を出す

**14** 花の中心に向かってサテンSをする

←中心

**15** 花の中心に向かって約1cmの針目で刺す

約1cm

**16** 花びらの中央に近い平らなところは、すき間なく同じ長さの針目で、型紙の段数線を目安にして刺す

**17** カーブに近づいてきたら、短い針目を入れて針目の向きを調節する

**18** すき間があかないように1針1針丁寧に刺す

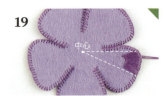
**19** 花の中心を意識して、中心に向かうようにサテンSをする

**20** 花びら半分にサテンSをしたところ

**21** フェルトを裏に返す。裏に糸が1cm以上渡らないようにフェルトを少しずつすくいながら刺し始めの位置に戻る。フェルトの表に針目がひびかないようにする

**22** フェルトとブランケットSの間から針を出し、花びらのもう半分にサテンSをする

**23** 14〜20と同様にサテンSをする

**24** 他の花びらも同様にサテンSをして1段めの完成。刺し終わりは**8〜10**と同様に処理をする

糸替えはフェルトの裏でします。裏でフェルトを少しすくって刺し終わりの処理をして糸を切り、新しい糸に替えて刺し始めの処理をします。

**25** 新たに❸の刺しゅう糸を針に通して刺し始めの処理をする。花びら中央の1段めのサテンSに1〜2mm重ねて2段めのサテンSをする

**26** 1段め同様に花びらの半分にサテンSをする

**27** 針目が花の中心に向かうように刺す

**28** 花びらにサテンSを半分刺したら、**21**と同様にフェルトを裏に返し、フェルトを少しすくって刺し始めの位置に戻る

**29** ❸の刺しゅう糸で2段めのサテンSを刺したところ

**30** ❹の刺しゅう糸で3段めのサテンSを刺したところ。花弁小の完成

**31** 花弁中も指定の刺しゅう糸で同様に4段のサテンSをする。花弁中の完成

**32** 花弁大も指定の刺しゅう糸で同様に4段のサテンSをする。花弁大の完成

## Technique 2
刺しゅうパーツを立体的に貼って組み立てる

❋バラに仕立てる
刺しゅうをした花弁パーツを貼り重ねて花の立体感を出します。

花弁小を組み立てる

**33** 花弁小の花びら1枚の根元（裏）に竹串でボンドを塗る

**34** 花びらの1/3程度にボンドをのばす

**35** ボンドを塗った面を内側にして花びらを巻く

**36** 巻いた箇所に待ち針を刺して固定する。5分ほど乾燥させる

待ち針はボンドを塗った場所を避けて刺しましょう。

**37** 隣の花びらの根元にも**33〜34**と同様にボンドを塗る

**38** **36**で巻いた花びらを覆うようにして貼る

**39** 待ち針を刺して固定する。5分ほど乾燥させる

**40** 3枚め、4枚め、5枚めの花びらも同様に貼る

**41** 待ち針を刺して固定し、乾燥させる。バラ小の完成

花びらを貼った花弁小はバラ小やバラ大・中の花芯になります。

## バラ小と花弁中を貼る

**42** バラ小の底に中心から直径1.5cmの円を描くようにボンドを塗る

**43** 花弁中の中心に花びらをずらして貼る

**44** 花弁中の花びらをバラ小に沿わせて待ち針を刺して固定し、完全に乾くまで乾燥させる。バラ中の完成

バラ小を花弁中に貼るとバラ中になります。

## バラ中と花弁大を貼る

**45** バラ中の底に中心から直径1.5cmの円を描くようにボンドを塗る

**46** 花弁大の中心に花びらをずらして貼る

**47** 花弁大の花びらをバラ中に沿わせて待ち針を刺して固定し、完全に乾くまで乾燥させる

バラ大の完成

## Technique 3
刺しゅうパーツを重ねてビーズを付ける

**マリーゴールドの花芯の作り方**　＊縫い糸は分かりやすいように目立つ色にしています。実際は同色の木綿糸で縫ってください。

**1** 花弁中の上に花弁小の花びらをずらして重ねる

**2** 針に木綿糸を通し玉結びを作る。重ねた2枚の中心に針を裏から出す

**3** 竹ビーズ、丸小ビーズの順に糸に通す

**4** 竹ビーズだけに針を刺し戻し、刺し始めのすぐ隣に針を入れる

**5** 3～4を繰り返して花の中心に竹ビーズと丸小ビーズを縫いとめる

**6** 5の花の裏の中心にボンドを塗って花弁大の花びらをずらして貼り、乾燥させる。ある程度固定されるまで、中心を細工棒やペンなどで押さえるとよい。

マリーゴールドの完成

## Technique 4
刺しゅうパーツを重ねて巻きかがる

**パンジー・ビオラの組み立て方**　＊縫い糸は分かりやすいように目立つ色にしています。実際は同色の刺しゅう糸で縫ってください。

**1** 花弁小　花弁大　ビーズ
P.17 **Tech1**を参照して花弁小、花弁大を作る

**2** 花弁小の花びらの★同士を合わせるように重ねる

**3** 針に刺しゅう糸【青紫[1]】を通し玉結びを作る(A色の作品は【赤紫[1]】)。花弁小の花びらを裏で巻きかがる。針目が表にひびかないようにする

**4** 縫い始めの位置まで巻きかがりながら戻り、玉どめをする

**5** 花弁小と花弁大の○を合わせるように重ねる

**6** 3と同色の糸に玉結びを作り、裏で根元を巻きかがりながら花弁小を花弁大に縫いとめる。針目が表にひびかないようにする

**7** 縫い始めの位置まで巻きかがりながら戻り、玉どめをする

**8** 木綿糸を針に通して玉結びを作り、表の中心へ針を出す

**9** 木綿糸にハンドメイドビーズを通して中心に2～3回縫いとめ、裏で玉どめをする

パンジーの完成

# II ウッドビーズを花の一部に見立てて作る花

糸を巻いたウッドビーズと刺しゅうパーツを組み合わせて花芯や実を作ります。

**7. ナガミノヒナゲシ**
作り方：P.22

（B色）　　（A色）

# 7. ナガミノヒナゲシ

作品ページ：P.9,21
出来上がりサイズ：横7×縦17cm

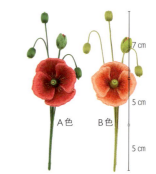

A色　B色

## 材料

**A色**
〈25番刺しゅう糸〉
淡赤(3832)
赤(3831)
濃赤(777)
黄(834)
緑(987)
濃緑(986)
〈フェルト〉
赤(116)
　9cm角…1枚《花弁》
濃緑(444)
　6×4cm…1枚《つぼみ》
〈ワイヤー〉
#24(DG) 36cm
　…5本《花芯+実+つぼみ》
#24(白) 36cm
　…1本《花弁》

〈ビーズ〉
ウッドビーズ(N大／キジ)
　…5個《花芯+実+つぼみ》
丸小(No148F／黄)
　…1個《花芯》
丸小(No47／緑)
　…3個《実》
丸大(No5／赤)
　…1個《つぼみ》

**B色**
〈25番刺しゅう糸〉
淡桃(352)
桃(351)
濃桃(350)
黄(680)
緑(581)
濃緑(580)

〈フェルト〉
桃(105)
　9cm角…1枚《花弁》
緑(442)
　6×4cm…1枚《つぼみ》
〈ワイヤー〉
#24(LG) 36cm
　…5本《花芯+実+つぼみ》
#24(白) 36cm
　…1本《花弁》
〈ビーズ〉
ウッドビーズ(N大／キジ)
　…5個《花芯+実+つぼみ》
丸小(No148F／黄)
　…1個《花芯》
丸小(Semi-Glazed No2600F／緑)
　…3個《実》
丸大(No2112／橙)
　…1個《つぼみ》

## 作り方
＊フェルトの裁断はP.107参照

1 ワイヤー入りの花弁を1枚作る。(P.23 Tech5参照)
2 ウッドビーズに糸を巻いてワイヤー付きの実を3本作る。(P.23 Tech6、P.24 Tech7参照)
3 ワイヤー付きの花芯を1本作る。(P.23 Tech6、P.24 Tech7参照)
4 花弁にワイヤー付きの花芯を通して花を1本作る。(P.24 Tech8参照)
5 ワイヤー付きのつぼみを1本作る。(P.24 Tech9参照)
6 花と実とつぼみのワイヤーに刺しゅう糸【濃緑[1]】を巻いて茎を作る。(P.25 Tech10参照)
7 花と実とつぼみを束ね、刺しゅう糸【濃緑[1]】を巻いて端を処理する。(P.25 Tech11参照)

## 実物大型紙
＊型紙の見方はP.3参照
＊〈　〉内はB色の作品、[　]内は糸の本数
＊型紙内の線は刺す針目の方向

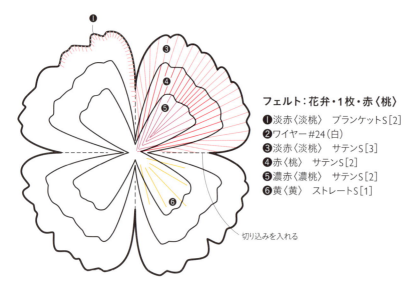

**フェルト：花弁・1枚・赤〈桃〉**
❶淡赤〈淡桃〉　ブランケットS[2]
❷ワイヤー#24(白)
❸淡赤〈淡桃〉　サテンS[3]
❹赤〈桃〉　サテンS[2]
❺濃赤〈濃桃〉　サテンS[2]
❻黄〈黄〉　ストレートS[1]

**フェルト：つぼみの葉・1枚・濃緑〈緑〉**
❶緑〈緑〉　ブランケットS[2]
❷緑〈緑〉　サテンS[3]
❸濃緑〈濃緑〉　サテンS[2]
×目打ちを通す位置

## Technique 5
ワイヤー入りの刺しゅうパーツを作る

**1** 花弁のフェルトを用意してフェルトの周囲にブランケットSをする（P.17 Tech1参照）

★ワイヤーを入れる
花弁にはブランケットSの後、サテンSの前にワイヤーを縫いとめます。

**2** ワイヤー#24（白）の先端を丸ペンチの先で挟む

＊縫い糸は分かりやすいように目立つ色にしています。実際は刺しゅう糸【淡赤[1]】で縫ってください。

**3** 丸ペンチを回してワイヤーの先端に直径3mmの輪を作る（片端のみ）

**4** フェルトの裏、縁から2～3mm内側にワイヤーを置き、玉結びを作った糸でワイヤーの輪を2～3回縫いとめる

**5** ワイヤーを花びらのカーブに沿わせながら曲げる

**6** カーブに沿わせたワイヤーを巻きかがって縫いとめる。フェルトの表に針目がひびかないようにする

**7** 最後は輪も一緒に縫いとめる

**8** 余分なワイヤーをニッパーで切り落とす

**9** 切ったワイヤーの先は細かく縫い、玉どめをする

**10** ワイヤーを縫いとめたところ。ワイヤーは花の形に大まかに沿わせて、フェルトの切り込み部分や中心が狭いところはワイヤー同士が突き合わないようにして置く

**11** 指定の色で刺しゅうをする（P.17 Tech1参照）。ワイヤー入りの花弁の完成

## Technique 6
ウッドビーズに糸を巻く

**12** ウッドビーズにボンドを少し塗る

**13** ボンドの上に刺しゅう糸【濃緑[1]】の糸端を置いて貼る

**14** 針に糸を通し、ウッドビーズの穴に針を通して糸を巻く

**15** 繰り返し針を穴に通し、糸をウッドビーズに巻きつける

**16** すき間があかないように、糸は先に巻いた糸に沿わせる

**17** ウッドビーズに糸を巻き終えたところ（糸端は切らない）

## Technique 7   糸を巻いたウッドビーズにワイヤーを付ける

**18**

**19**

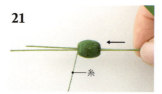
**20**

**21**

ワイヤー#24（DG）の中央に丸小ビーズ（緑）を通し、半分に折って根元を2〜3回ねじる

ウッドビーズの穴に目打ちを矢印の方向に通してワイヤーを通しやすくする。ウッドビーズが割れないように注意する

ウッドビーズに19のワイヤーを通す。通す方向に注意

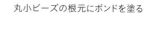
**22**

丸小ビーズの根元にボンドを塗る

**23**

**24**

**25**

ワイヤーを引いて丸小ビーズにウッドビーズを貼る

残しておいた糸を切る。ワイヤー付きの実の完成

12〜24と同様にウッドビーズ、丸小ビーズ（黄）と刺しゅう糸【緑[1]】、ワイヤー#24（DG）でワイヤー付きの花芯を作る

## Technique 8   花弁にワイヤー付きの花芯を通して貼る

**26**

花弁の中心に表から目打ちを通し、花芯のワイヤーを通すための穴をあける

**27**

**28**

**29**

**30**

花芯のワイヤーを花弁の表から通す

花芯のウッドビーズの根元にボンドを塗る

ワイヤーを引いて花弁をウッドビーズに貼る

花びら1枚1枚に表情をつける

**31**

**32**

花を丸く形づくるために、花びら全体を手のひらで覆うようにして裏から押さえる

ワイヤー付きの花の完成

## Technique 9   糸を巻いたワイヤー付きウッドビーズに刺しゅうパーツを貼る

**33**

**34**

12〜24と同様につぼみの芯［ウッドビーズ、丸大ビーズ（赤）と刺しゅう糸【赤[1]】、ワイヤー#24（DG）］と、P.17 **Tech1**を参照してつぼみの葉を作る

つぼみの葉の中心に裏から目打ちを通し、つぼみの芯のワイヤーを通すための穴をあける

**35**

**36**

**37**

**38**

つぼみの芯のワイヤーをつぼみの葉の裏から通す

つぼみの葉の小さい方の裏全面にボンドを塗る

つぼみの芯に貼る

大きい方の葉の裏にもボンドを塗ってつぼみの芯に貼る

**39** ワイヤー付きのつぼみの完成

### Technique 10
ワイヤーに糸を巻いて茎を作る

**40** 花のワイヤーに少しずつボンドを薄く塗る

**41** 茎の刺しゅう糸【濃緑[1]】の糸端を沿わせて貼る

**42** 花の際からすき間があかないように糸を巻く。花の際から6cmまでワイヤーに少しずつボンドを薄く塗って、糸を巻くことを繰り返す

**43** 花、実、つぼみのワイヤーにお好みの長さまで糸を巻く

**44** 表情をつける。茎の完成

### Technique 11
茎付きの花やつぼみを束ねて端を処理する

**45** 花、実、つぼみをバランスよく束ね、ワイヤーに少しずつボンドを薄く塗る

**46** 刺しゅう糸【濃緑[1]】を43で巻いた糸に少し重ねて必要な長さまで巻く

**47** 途中で余分なワイヤーをニッパーで切り落とす

**48** 巻き終わりの3cm手前まで糸を巻く

**49** 巻き終わりに近づいてきたらワイヤーを階段状に切り落とす

**50** ボンドを塗って糸を端まで巻く

**51** ワイヤーの★の位置をペンチで折り曲げる

**52** 矢印(→)の方向に糸を巻く

**53** 端まで巻いたら矢印(←)の方向に▲まで巻き戻す

**54** 巻き終わりは糸にボンドを塗って茎に貼り、切る

**55** ワイヤーの向きをペンチで整える

ナガミノヒナゲシの完成

### 8. コスモス
作り方：P.74

**Making Point**

刺しゅうパーツをウッドビーズに貼り付ければ、今にも花が開きそうなつぼみに。花は一重のシンプルな構造ですが、花芯にペップを使うことで風にそよぐ繊細なコスモスの花になります。

### 9. ヒペリカム
作り方：P.73

### 11. スノードロップ
作り方：P.68

### 10. 越前水仙
作り方：P.76

### 12. スズラン
作り方：P.68

## Technique 6 応用

P.23「Technique 6」を応用して花や花芯、実、つぼみを作る

### 越前水仙のつぼみの作り方

**1**

つぼみ花弁の裏の中心に目打ちで穴をあけ、つぼみの芯{ウッドビーズと丸大ビーズ}のワイヤーを通す

**2**

3枚の花びらの裏全体にボンドを塗って、つぼみの芯に沿わせて貼る

### ヒペリカムのめしべの作り方

**1**

ウッドビーズ(R小)に刺しゅう糸【淡黄[1]】を巻き、針に丸小ビーズ(黄)を通してウッドビーズの穴に針を刺し戻す

**2**

糸を引いて丸小ビーズを固定する

**3**

糸端を2〜3mm残して切る

**4**

花芯の完成

### ヒペリカムの実の作り方

**1**
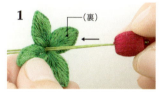
実の葉の裏の中心に目打ちで穴をあけ、実の芯{糸を巻いたウッドビーズ(N大)と丸小ビーズ(赤)}のワイヤーを通す

**2**

4枚の葉の裏全体にボンドを塗り、実の芯の根元まで引き上げる

**3**

対角線上の葉を貼る

**4**

残りの2枚の葉も貼る

### コスモスのつぼみの作り方

**1**

つぼみ花弁の裏の中心に目打ちで穴をあけ、つぼみの芯{ウッドビーズとアンバーカラービーズ}のワイヤーを通す。対角線上の花びら4枚の裏全体にボンドを塗る

**2**

4枚の花びらをつぼみの芯に沿わせて貼る

**3**

残りの4枚の花びらにもボンドを塗り、同様にして2の花びらの外側に貼る

### スノードロップの花の作り方

**1**

花弁の裏の中心に目打ちで穴をあけ、花芯{糸を巻いたウッドビーズ(N大)と丸大ビーズ}のワイヤーを通して3枚の花びらの裏中央付近にボンドを塗る

**2**

花びらを花芯に沿わせて貼る

**3**

ガク{糸を巻いたウッドビーズ(N小)}にワイヤーを通し、ボンドを塗って貼る

# Ⅲ 台紙に糸を巻いて作る花

台紙に糸を巻き付けて、巻いた糸が花びらや花芯になります。

13. シュウメイギク
作り方：P.77

14. デイジー
作り方：P.79

16. ハルジオン
作り方：P.29

15. タンポポ
作り方：P.79

**Making Point**

くし状につなげた刺しゅう糸を巻いて、ふんわりとした花芯や花弁を表現。糸の断面を見せるので、刺しゅうとはまた違う質感や色を楽しむことができます。細い線状の花弁を持つ花を作るのに最適な技法です。

# 16. ハルジオン

作品ページ：P.5,28
出来上がりサイズ：横6×縦15cm

## 材料

〈25番刺しゅう糸〉
生成り(ECRU)
緑(470)
濃緑(469)

〈フェルト〉
緑(442)
　6×3cm … 3枚《葉》
　3cm角 … 2枚《ガク》

〈ワイヤー〉
#24(DG) 36cm
　… 5本《花＋葉》
#26(DG) 36cm
　… 3本《つぼみ大＋つぼみ小》

〈ビーズ〉
丸小(No51／白)
　… 3個《つぼみ大＋つぼみ小》
ウッドビーズ(R小／キジ)
　… 2個《つぼみ小》
ウッドビーズ(R大／キジ)
　… 1個《つぼみ大》

〈その他〉
ボンテン(黄)直径10mm
　… 2個《花芯》

## 作り方

*フェルトの裁断はP.107参照

1 花を2個作る。(P.29 **Tech12**、P.30 **Tech13**参照)
2 ガクと茎付きの花を2本作る。(P.30 **Tech14**参照)
3 ワイヤー付きの葉を3本作る。(P.31 **Tech15**参照)
4 茎付きのつぼみ小を2本、つぼみ大を1本作る。(下写真参照)
5 花とつぼみと葉のワイヤーに刺しゅう糸【濃緑[1]】を巻いて茎を作る。(P.25 **Tech10**参照)
6 花とつぼみと葉を束ね、刺しゅう糸【濃緑[1]】を巻いて端を処理する。(P.25 **Tech11**参照)

## 実物大型紙

*型紙の見方はP.3参照
*[ ]内は糸の本数
*型紙内の線は刺す針目の方向

フェルト：ガク・2枚・緑

フェルト：葉・3枚・緑
❶ 緑　ブランケットS[2]
❷ ワイヤー#24(DG)
❸ 緑　サテンS[3]
❹ 濃緑　サテンS[2]

**茎付きのつぼみを作る**

つぼみ小 — 丸小ビーズ
ウッドビーズ(R小)に刺しゅう糸【緑[1]】を巻く
2cm / 1.5cm
つぼみ大 — 丸小ビーズ
ウッドビーズ(R大)に刺しゅう糸【生成り[1]】を巻く
1cm

ワイヤー#26(DG)に丸小ビーズを通し、刺しゅう糸を巻いたウッドビーズに通す。ワイヤーに刺しゅう糸【濃緑[1]】を巻いて茎を作り、3本を束ねて続けて糸を巻く。(作り方はP.23の12～24参照)

---

## Technique 12
### 糸巻き台紙を作る

ハルジオン、シュウメイギク、フレンチラベンダー、タンポポ、デイジーの花を作る時に必要な台紙です。花の大きさに合わせて台紙の幅を1、1.5、2cmに変え、糸を巻きます。

**必要な材料**
クリアファイル
セロハンテープ

1 クリアファイルを指定の幅に切る。ハルジオンは幅2cmに切る

2 上下にセロハンテープを貼って端をくるむ

3 短辺にもセロハンテープを貼って端をくるむ

4 完成

## Technique 13
糸巻き台紙に糸を巻いて花弁や花芯を作る

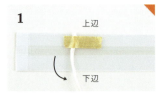

**1** 幅2cmの糸巻き台紙に、刺しゅう糸【生成り[6]】をマスキングテープで貼って固定する

**2** 幅が2.5cmになるように30回巻く。糸をそろえてすき間がないように巻く。巻き終わりの糸は上辺側の裏にマスキングテープで貼って固定する

**3** 糸の巻き終わり側とは反対の辺にボンドを竹串で擦り込むように塗る

＊貼る糸は分かりやすいように目立つ色にしています。実際は刺しゅう糸【生成り[2]】を貼ってください。

**4** 長さ10cmほどの刺しゅう糸【生成り[2]】を貼り、10分ほど乾燥させる

**5** 4で貼った糸の余分を切る

**6** ボンドを塗ってない側のわを切る

**7** 台紙から外して糸を広げる

**8** 広げた谷側にボンドを塗る

**9** ボンドを塗った側を内側にして半分に折って貼り合わせる

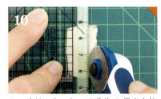

**10** ロータリーカッターで毛先の長さを約1.5cm幅に切りそろえる

**11** 切りそろえたところ

**12** 端の角にボンドを少し塗る

**13** 輪にして端同士を貼る

**14** くしで毛先を整える

**15** ポンテンにボンドを円形に塗る

**16** 広げた毛先の中央にポンテンを貼る。花の完成

## Technique 14
ワイヤー付きのガクを作る

**17** ワイヤー#24(DG)を半分に折り、中央でワイヤーを交差させて直径3mmの輪を作る

**18** 交差させたワイヤーの根元を2～3回ねじる

**19** 輪をペンチで直角に曲げる

**20** ガク用のフェルトの中心に目打ちで穴をあける

**21** 19のワイヤーをガクに通し、ワイヤーの輪にボンドを塗る

**22** ワイヤーを引いて輪をガクに貼り、ボンドをのばす

### Technique 15　ワイヤー（茎）付きの葉を作る

**23** 花の裏にワイヤー付きのガクを貼る

**24** 指先で押さえてしっかり貼り合わせる

**25** ガクとワイヤー付きの花の完成

**26** 葉のフェルトを用意する

**27** ❶の刺しゅう糸でブランケットSをする（P.17 **Tech1** 参照）

**28** P.30の **17** を参照してワイヤー#24（DG）の中央に輪を作る。❶の刺しゅう糸[1]でワイヤーを縫いとめる（P.23 **Tech5** 参照）。葉から出ているワイヤーは切らずに残しておく

**29** 指定の刺しゅう糸でサテンS（P.17 **Tech1** 参照）をし、ワイヤーに刺しゅう糸【濃緑[1]】を巻いて（P.25 **Tech10** 参照）茎を作る。茎付きの葉の完成

花とつぼみと葉を束ねてハルジオンの完成

### Technique 16
糸巻き台紙のテクニックでデイジーを作る。デイジーは幅1.5cmと2cmの台紙が必要です

**1** 幅1.5cmの糸巻き台紙に刺しゅう糸【黄[6]】を幅が1.5cm幅になるように15回巻き、毛先を1cm幅に切りそろえる。糸を貼った側にボンドを塗る

**2** 1を巻く。花芯の完成

**3** 幅2cmの糸巻き台紙に、刺しゅう糸【桃[6]】を幅が7cmになるように60回巻き、毛先を1.5cm幅に切りそろえる。糸を貼った側にボンドを塗る。花弁の完成

**4** 3の花弁を2の花芯に巻く

**5** ボンドが半乾きのうちに巻くと作業がしやすい

**6** 底がずれないように巻く

くしで毛先を整える。花の完成

31

# Ⅳ 1枚に独立した花弁パーツを束ねる花

独立した花弁パーツを1枚1枚組み合わせて花に仕立てます。

**17. 芍薬**
作り方：P.80

**Making Point**

波打った花弁の形に裁断したシートフェルトにワイヤーを入れ刺しゅうをします。花弁をペップの花芯に沿わせ、幾重にも束ねれば豪華な芍薬の完成です。

**20. クロッカス**
作り方：P.81

**18. ユリ**
作り方：P.35

**19. チューリップ**
作り方：P.33

**21. カメリア**
作り方：P.82

# 19. チューリップ

作品ページ：P.5,32
出来上がりサイズ：横4×縦17cm

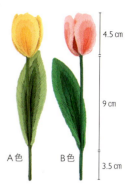

## 材料

**A色**
〈25番刺しゅう糸〉
淡黄（726）
黄（725）
濃黄（972）
淡緑（989）
緑（987）
濃緑（986）

〈フェルト〉
黄（332）
　8×5cm … 6枚《花弁小＋花弁大》
黄緑（450）13×5cm
　… 1枚《葉》
〈ワイヤー〉
#24（DG）36cm
　… 7本《花弁小＋花弁大＋葉》

**B色**
〈25番刺しゅう糸〉
淡桃（894）
桃（893）
濃桃（891）
淡緑（910）
緑（909）
濃緑（3818）

〈フェルト〉
桃（103）
　8×5cm … 6枚《花弁小＋花弁大》
緑（440）
　13×5cm … 1枚《葉》
〈ワイヤー〉
#24（DG）36cm … 7本
《花弁小＋花弁大＋葉》

## 作り方

＊フェルトの裁断はP.107参照

1 ワイヤー付きの葉を1本、花弁小を3本、花弁大を3本作る。（P.31 **Tech15** 参照）
2 花弁小3本、花弁大3本を束ねて茎付きの花を作る。（P.34 **Tech17** 参照）
3 花と葉を束ね、刺しゅう【濃緑[1]】を巻いて端を処理する。（P.25 **Tech11**、P.34 **Tech17** 参照）

## 実物大型紙

＊型紙の見方はP.3参照
＊〈　〉内はB色の作品、[　]内は糸の本数
＊型紙内の線は刺す針目の方向

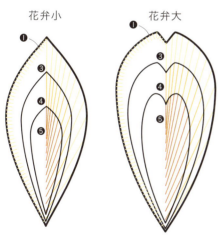
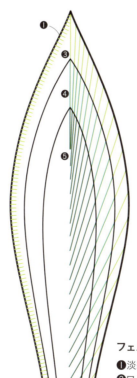

フェルト：花弁大・花弁小・各3枚・黄〈桃〉
❶ 淡黄〈淡桃〉　ブランケットS[2]
❷ ワイヤー#24（DG）
❸ 淡黄〈淡桃〉　サテンS[3]
❹ 黄〈桃〉　サテンS[2]
❺ 濃黄〈濃桃〉　サテンS[2]

フェルト：葉・1枚・黄緑〈緑〉
❶ 淡緑〈淡緑〉　ブランケットS[2]
❷ ワイヤー#24（DG）
❸ 淡緑〈淡緑〉　サテン[3]
❹ 緑〈緑〉　サテンS[2]
❺ 濃緑〈濃緑〉　サテンS[2]

## Technique 17
ワイヤー付きの花弁と葉を束ねて茎を作る

**1** P.31 **Tech15**を参照してワイヤー付きのパーツを用意する

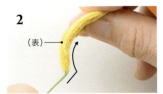

**2** 花弁に表情をつける。表を上にして花弁の根元を少し曲げ、花びらを丸める

**3** 花弁を裏側に少し曲げる

**4** 花弁小、花弁大に表情をつけたところ

**5** 花弁小3枚を束ねる

**6** 束ねたワイヤーにボンドを少しずつ薄く塗りながら、刺しゅう糸【濃緑[1]】を2〜3回ほど巻く。糸は切らない

**7** 花弁大を花弁小の花びらとずらして束ねる。6の糸は間から外側に出しておく

**8** 束ねたワイヤーにボンドを少しずつ薄く塗りながら、7の刺しゅう糸【濃緑[1]】を続けて必要な長さ(9cm)まで巻く。茎付きの花の完成

**9** 葉を沿える

**10** 葉の根元を巻きこんで8で残した糸を巻く

ワイヤーの端まで糸を巻き端を処理する(P.25 **Tech11**参照)。チューリップの完成

## Technique 18
ユリの花弁を組み立てる

*縫い糸は分かりやすいように目立つ色にしています。実際は刺しゅう糸【橙[1]】で縫ってください。

**1** 花弁大2枚を中表に重ね、ブランケットSとフェルトの間に、玉結びを作った糸を通した針を刺す

**2** ブランケットSとフェルトの間に針を通しながら2cmほど巻きかがる

**3** 刺し始めの位置に巻きかがりながら戻る

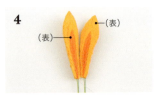

**4** 花弁大2枚を巻きかがったところ

**5** 花弁大3枚を巻きかがったところ

**6** 1枚めと3枚めも同様にして巻きかがり筒状にする

**7** 花弁大の中心に花芯(P.64 **Tech35**参照)を通し、花弁小をずらして束ねる。ワイヤーに糸を巻いて(P.35「茎の作り方」参照)ユリの完成

## ✿✿✿✿✿
# 18. ユリ

作品ページ：P.11,32,59
出来上がりサイズ：横9×縦16㎝

### 材料

**A色**
〈25番刺しゅう糸〉
橙(741)
淡朱(946)
朱(900)
茶(975)
黄緑(471)
緑(937)
〈フェルト〉
橙(370)
9×4㎝…6枚
《花弁小＋花弁大》

〈ワイヤー〉
#26(DG) 36㎝…6本
《花弁小＋花弁大》
#28(LG) 36㎝
…6本《おしべ》
〈その他〉
ユリペップ…1本《めしべ》
アクリル絵の具（イエローオーカー・オレンジ）
…適量《めしべ》

**B色**
〈25番刺しゅう糸〉
生成り(ECRU)
淡黄緑(165)
黄緑(166)

黄(3852)
緑(3362)
〈フェルト〉
白(701)
9×4㎝…6枚
《花弁小＋花弁大》
〈ワイヤー〉
#26(DG) 36㎝…6本
《花弁小＋花弁大》
#28(LG) 36㎝
…6本《おしべ》
〈その他〉
ユリペップ…1本《めしべ》

### 作り方
＊フェルトの裁断はP.107参照

1 ワイヤー付きの花弁小を3本、花弁大を3本作る。(P.31 **Tech15**参照)

2 おしべを6本作る(P.64 **Tech35**参照)。B色の作品の花芯はワイヤー#28(LG)に刺しゅう糸【黄[1]】と【黄緑[1]】を巻いて作る。

3 ユリペップでめしべを1本作る。A色の作品のペップはアクリル絵の具で着色し、B色の作品のペップは無着色。(着色はP.49 **Tech23**参照)

4 おしべとめしべを束ねて花芯を1本作る。(P.64 **Tech35**参照)

5 花弁を筒状に巻きかがり、花弁と花芯を束ねる(P.34 **Tech18**参照)。「茎の作り方」を参照して茎付きの花を作る。(下図参照)

### 花に仕立てる

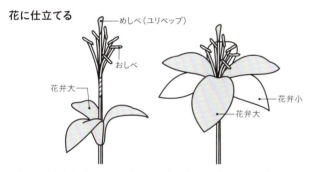

めしべを中央にしておしべを束ね花芯を作り、P.34 **Tech18**を参照して花に仕立てる

### 茎の作り方

花弁小を束ねたら根元を巻きこんで、刺しゅう糸【黄緑[1]】で巻き、続けて刺しゅう糸【緑[1]】を巻いて茎を作り、端を処理する(P.25 **Tech10,11**参照)。B色も同色

### 実物大型紙
＊型紙の見方はP.3参照
＊〈　〉内はB色の作品、[　]内は糸の本数
＊型紙内の線は刺す針目の方向

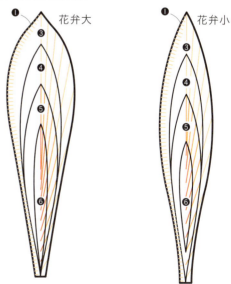

**フェルト：花弁小・花弁大・各3枚・橙〈白〉**
❶橙〈生成り〉　ブランケットS[2]
❷ワイヤー#26(DG)
❸橙〈生成り〉　サテンS[3]
❹橙〈生成り〉　サテンS[2]
❺淡朱〈淡黄緑〉　リテンS[2]
❻朱〈黄緑〉　サテンS[1]

# V わたを詰めた刺しゅうパーツを花の一部に見立てて作る花

刺しゅうパーツに手芸用わたを入れて丸く立体的にする実や花芯の作り方を紹介。

**24. サイネリアの葉**
作り方：P.85

**22. ジニア**
作り方：P.83

（A色）

**23. ガーベラ**
作り方：P.84

**Making Point**
細かいフレンチノットステッチを施した円形の刺しゅうパーツの周囲をぐし縫いします。糸を引きながらわたを入れれば、ドーム状のガーベラの花芯になります。

**24. サイネリア**
作り方：P.85

（B色）

*25.* ポピー
作り方：P.38

（A色）

（B色）

*26.* ブラックラズベリー
作り方：P.86

*27.* クローバーとシロツメクサ
作り方：P.60

*28.* イチゴ
作り方：P.87

**Making Point**

扇状に裁断したシートフェルトをサテンステッチで埋め、種はレイジーデイジーステッチで表現。脇を巻きかがり、わたを詰めて入れ口を引き絞り、ヘタを付ければイチゴができあがります。ワイルドストロベリーの花と葉を添えても素敵。

# 25. ポピー

作品ページ：P.37
出来上がりサイズ：横7㎝×縦7㎝

A色　　　　B色

### 材料

**A色**
〈25番刺しゅう糸〉
朱 (350)
濃朱 (349)
赤 (304)
萌黄 (833)
黄緑 (166)
〈フェルト〉
朱 (139)
　10㎝角 … 1枚《花弁》
　4㎝角 … 1枚《保護用》
黄 (333)
　5㎝角 … 1枚《めしべ》
〈ワイヤー〉
#30（白）36㎝
　… 1本《おしべ》
#24（白）36㎝
　… 2本《花弁》
〈その他〉
ペップ（素玉中）
　… 適量《おしべ》
アクリル絵の具（イエロー）
　… 適量《おしべ》
手芸用わた … 適量《めしべ》
木綿糸 … 適量《めしべ》

**B色**
〈25番刺しゅう糸〉
淡ベージュ (712)
ベージュ (739)
オークル (738)
萌黄 (833)
黄緑 (166)
〈フェルト〉
白 (701)
　10㎝角 … 1枚《花弁》
　4㎝角 … 1枚《保護用》
黄 (333)
　5㎝角 … 1枚《めしべ》
〈ワイヤー〉
#30（白）36㎝
　… 1本《おしべ》
#24（白）36㎝
　… 2本《花弁》

〈その他〉
ペップ（素玉中）
　… 適量《おしべ》
アクリル絵の具（イエロー）
　… 適量《おしべ》
手芸用わた … 適量《めしべ》
木綿糸 … 適量《めしべ》

### 作り方
＊フェルトの裁断はP.107参照

1　ワイヤー入りの花弁を1枚作る。(P.23 **Tech5**参照)
2　めしべを1個作る。(P.39 **Tech19**参照)
3　ペップを着色し、おしべを作り、めしべを貼って花芯を作る。(P.39参照)
4　花を作る。(P.39参照)

### 実物大型紙
＊型紙の見方はP.3参照
＊〈　〉内はB色の作品、[　]内は糸の本数
＊型紙内の線は刺す針目の方向

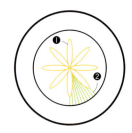

**フェルト：めしべ・1枚・黄〈黄〉**
❶黄緑〈黄緑〉　13回巻きのバリオンS [2]
❷萌黄〈萌黄〉　ストレートS [2]で内側を刺し埋める

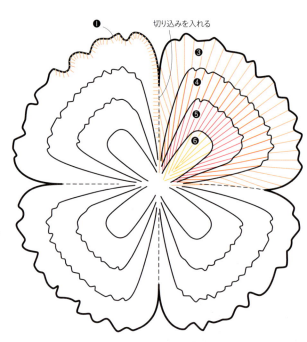

切り込みを入れる

**フェルト：花弁・1枚・朱〈白〉**
❶朱〈淡ベージュ〉　ブランケットS [2]
❷ワイヤー#24（白）
❸朱〈淡ベージュ〉　サテンS [3]
❹濃朱〈ベージュ〉　サテンS [2]
❺赤〈オークル〉　サテンS [2]
❻萌黄〈萌黄〉　ストレートS [1]

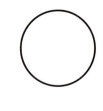

**フェルト：保護用・1枚・朱〈白〉**

## Technique 19
刺しゅうパーツに手芸用わたを詰める

**1** めしべのフェルトを用意する

**2** 指定の色で刺しゅうをする

**3** 刺しゅうの外側を玉結びを作った木綿糸で1周ぐし縫いする

**4** 糸を少し引いて縮める

**5** 手芸用わたを詰める

**6** 糸を引いて口を絞る。十字に糸を渡して口を縫いとめ、玉どめをする

**7** めしべの完成

### 花芯を作る（おしべの着色方法はP.49 Tech23参照）

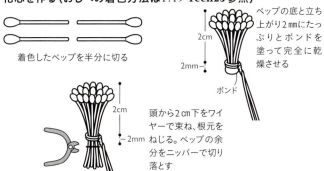

着色したペップを半分に切る

頭から2cm下をワイヤーで束ね、根元をねじる。ペップの余分をニッパーで切り落とす

ペップの底と立ち上がり2mmにたっぷりとボンドを塗って完全に乾燥させる

ペップを束ねておしべを作る。中心を広げたらおしべの完成

7のめしべの裏にボンドを塗っておしべに貼り、完全に乾燥させる。花芯の完成

### 花を作る

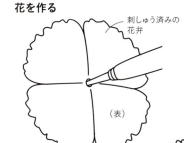

花弁の中心に、束ねたペップを通す大きさの穴を目打ちで表からあける

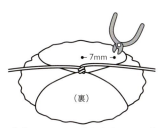

花芯の立ち上がり4mmにボンドを塗り、花弁の穴にワイヤーを通して貼る

花芯のワイヤー2本を左右にひろげ、7mmほど残して余分をニッパーで切る

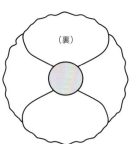

保護用フェルトにボンドを塗り、ワイヤーを隠すように花の裏に貼る

花びらの表情をつけてポピーの完成

# VI 粘土を成形して作る花
樹脂粘土に油絵の具、またはアクリル絵の具を混ぜて、実や花芯を作ります。

30. ブルーデイジー
作り方：P.88

29. ワイルドストロベリー
作り方：P.61

32. ワイルドローズ
作り方：P.91

33. オリーブ
作り方：P.42

31. ピンクマーガレット
作り方：P.88

35. マーガレット
作り方：P.92
Making Point
着色した樹脂粘土をワイヤーの先で成形。乾燥後にニスを塗れば艶やかな花芯になります。作品に控えめな輝きを加えたい時に有効な方法です。

34. ブルーベリー
作り方：P.90

36. ヤドリギ
作り方：P.90

# 33. オリーブ

作品ページ：P.40
出来上がりサイズ：横7×縦16㎝

## 材料

〈25番刺しゅう糸〉
淡緑（368）
緑（320）
濃緑（367）
茶（938）

〈フェルト〉
緑（444）7×3㎝ … 6枚《葉》

〈ワイヤー〉
#21(DG) 18㎝ … 5本《実》
#28(DG) 36㎝ … 6枚《葉》

〈その他〉
樹脂粘土（白）… 適量《実》
油絵の具
（ランプブラック、サップグリーン、パーマネントイエローライト
… 適量《実》
水性アクリルニス（半ツヤ出し）… 適量《実》

## 作り方

*フェルトの裁断はP.107参照

1 ワイヤー付きの葉を6本作る。(P.31 **Tech15**参照)
2 ワイヤー付きの実を5本作る。(P.42 **Tech20**、P.43 **Tech21**参照)
3 葉のワイヤーに刺しゅう糸【茶 [1]】を、実のワイヤーに刺しゅう糸【濃緑 [1]】を巻いて茎を作る。(P.25 **Tech10**参照)
4 葉と実を束ね、刺しゅう糸【茶 [1]】を巻いて端を処理する。(P.25 **Tech11**、下図参照)

### 実物大型紙

*型紙の見方はP.3参照
*[ ]内は糸の本数
*型紙内の線は刺す針目の方向

実の大きさの目安

**フェルト：葉・6枚・緑**
❶ 緑　ブランケットS [2]
❷ ワイヤー #28(DG)
❸ 緑　サテンS [3]
❹ 濃緑　サテンS [2]
❺ 淡緑　バックS [1]

### 葉と実を束ねる

オリーブのワイヤーを少しずらしながら束ね、ワイヤーに刺しゅう糸【濃緑 [1]】を巻く。

葉2枚を少しずらして束ね、ワイヤーに刺しゅう糸【茶 [1]】を巻く。

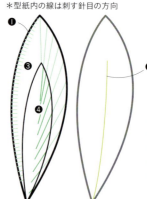
オリーブと葉を束ね、ワイヤーに刺しゅう糸【茶 [1]】を巻く。

---

## Technique 20
粘土に絵の具を混ぜる

**1**

樹脂粘土に材料の油絵の具を少量ずつ置く

**2**

絵の具を内側にして粘土で包むように練る

★**粘土に混ぜる絵の具**

絵の具の量は多くしすぎると粘土がべたつき、乾燥に時間がかかります。また油絵の具はアクリル絵の具より発色がよくなります。

**3**

好みの色になるまで着色しながら繰り返し練る

**4**

適量をとり、オリーブの形に整える

**5**

オリーブの形に成形したところ

表面にひびが入ったら、少量の水を加えてもう一度しっかり練り直してから成形する。

## Technique 21
粘土で実や花芯を作る

**1**
ワイヤー#21（DG）の先を丸ペンチで曲げて直径3mmの輪を作る。

**2**
ワイヤーの輪を根元側から粘土に約1cm差し、もう一度オリーブの形に整えて乾燥させる

**3**
水性アクリルニスを塗って乾燥させる

### ヤドリギの実の作り方

**1**
無着色の粘土を球体に成形する。ワイヤー#24（DG）の先は輪にせずに貫通させて乾燥させる

**2**
貫通したワイヤーの先をアクリル絵の具で着色して乾燥させる

**3**
水性アクリルニスを粘土とワイヤーの先に塗って乾燥させる

### ワイルドローズの実の作り方

**1**
着色した粘土を実の形に成形して先を直径3mmの輪にしたワイヤーを差して乾燥させる。実の先端をアクリル絵の具で着色して乾燥させる。水性アクリルニスを塗ってさらに乾燥。

### ワイルドストロベリーの実の作り方

**1**
着色した粘土を実の形に成形し、先を直径3mmの輪にしたワイヤー#21（DG）を差す

**2**
竹串で種の模様をつけ、乾燥させる

**3**
水性アクリルニスを塗って乾燥させる

### ブルーデイジー・ピンクマーガレット・マーガレットの花芯の作り方

**1**
着色した粘土を円盤状に成形し、先を直径3mmの輪にしたワイヤー#21（DG）を差す。＊（ ）内はマーガレットのサイズ

**2**
竹串で模様を全体につけ、乾燥させる

**3**
水性アクリルニスを塗って乾燥させる

### ブルーベリーの実の作り方

**1**
着色した粘土を球体に成形し、先を直径3mmの輪にしたワイヤー#21（DG）を差す

**2**
細工棒の先端の丸い方を粘土に差し、外側に広げるようにくぼみを作る。乾燥させる

**3**
水性アクリルニスを塗って乾燥させる

---

★ **粘土の成形**
成形中にひびが入ってきたらもう一度しっかり練り直してから成形します。開封済の粘土、乾燥気味の粘土には、水分を少し加えてしっかり練り直します。

★ **粘土の乾燥期間**
着色無しの場合は、1週間の乾燥。絵の具で着色した場合は、2週間程度乾燥させましょう。

★ **アクリル絵の具の乾燥期間**
1～2日乾燥させましょう。

★ **水性アクリルニスの乾燥期間**
1週間程度乾燥させましょう。

★ **絵の具の取り扱い**
絵の具には危険化合物が含まれていることがあります。APマークが付いているもの、学童用と記載されているものが安全です。

# Ⅶ ポンポンを花の一部に見立てて作る花

ふさふさした刺しゅう糸の毛先がかわいい花や花芯を作ることができます。

39. フランネルフラワー
作り方:P.93

37. ルリタマアザミ
作り方:P.93

38. アザミ
作り方:P.45

40. ハマナス
作り方:P.95

(A色)

(B色)

# 38. アザミ

作品ページ：P.4, 44
出来上がりサイズ：横5×縦15cm

## 材料

〈25番刺しゅう糸〉
赤紫（915）
淡緑（3813）
緑（501）
濃緑（500）

〈フェルト〉
緑（449）
　3×5cm … 2枚《ガク》
　10×4cm … 1枚《葉》

〈ワイヤー〉
#24（DG）36cm
　… 3本《花＋葉》

〈その他〉
木綿糸 … 適量《花》

## 作り方

*フェルトの裁断はP.107参照

1 ワイヤー付きの葉を1本作る。（P.31 Tech15参照）
2 ワイヤー付きの花弁を2本作る。（P.45 Tech22参照）
3 ガクを2枚作る。（P.46の9〜15参照）
4 ガクとワイヤー付きの花を2本作る。（P.46の16〜24参照）
5 花のワイヤーに刺しゅう糸【濃緑[1]】を巻いて茎を作る。（P.25 Tech10参照）
6 花と葉を束ね、刺しゅう糸【濃緑[1]】を巻いて端を処理する。（P.25 Tech11参照）

## 実物大型紙

*型紙の見方はP.3参照
*[ ]内は糸の本数
*型紙内の線は刺す針目の方向

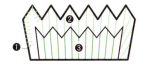
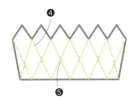

フェルト：ガク・2枚・緑
❶緑　ブランケットS[2]
❷緑　サテンS[2]
❸濃緑　サテンS[1]
❹淡緑　ストレートS[1]
❺淡緑　ストレートS[1]

フェルト：葉・1枚・緑
❶緑　ブランケットS[2]
❷ワイヤー#24（DG）
❸緑　サテンS[2]
❹濃緑　サテンS[2]

---

## Technique 22
ポンポンメーカーを使ってワイヤー付きの花弁を作る

**1** ポンポンメーカー（35mm）に刺しゅう糸【赤紫[6]】を上下30回ずつ（合計60回）巻く

**2** 刺しゅう糸を切る

**3** 木綿糸を通して結ぶ

**4** ポンポンメーカーを外す（詳しくは商品の説明書を参照）

**5** ポンポンに結んだ木綿糸からほんの少しずらしたところに中央で半分に折ったワイヤー#24（DG）をかける

**6** ワイヤーの根元を2〜3回ねじる

**7** 木綿糸を切り、取り除く

8 くしで毛先を整える。ワイヤー付きの花弁の完成

9 ガクのフェルトを用意して刺しゅうをする（P.17 Tech1参照）

10 ❹の刺しゅう糸でストレートSをする

11 クロスした針目を留めるように❺の刺しゅう糸でストレートSをする

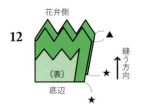

12 ガクを外表にして半分にたたむ。玉結びを作った刺しゅう糸【濃緑[1]】を針に通して★から刺す

＊縫い糸は分かりやすいように目立つ色にしています。実際は刺しゅう糸【濃緑[1]】で縫ってください。

13 ブランケットSとフェルトの間に針を通しながら▲まで巻きかがる

14 ▲まで巻きかがったら、★の位置まで巻きかがりながら戻る。★の位置でさらに2～3回縫う

15 続けて底辺を同糸で1周ぐし縫いをする。糸は切らない。ガクの完成

16 ガクに8の花弁のワイヤーを通す

17 花弁の根元にボンドを塗る

18 ワイヤーを引いてガクを花弁にしっかり貼る

19 15で残しておいたぐし縫いの糸を引いて底辺を絞り、ワイヤーに薄くボンドを塗ってそのまま糸を巻く

20 ワイヤーに糸を2～3回巻く。糸は切らない

21 針に別の刺しゅう糸【緑[1]】を通して玉結びを作る。ガクと花弁の間に針を入れ、玉結びを隠す

22 ガクの谷を1周縫いとめ、糸を引いて少し絞る

23 玉どめをし、ガクと花の間に針を通す。針を引いて玉どめを隠し、底辺の根元で糸を切る

24 花弁の糸先をはさみで切りそろえる

25 20で残しておいた刺しゅう糸【濃緑[1]】をワイヤーにボンドを少しずつ薄く塗りながら、必要な長さまで巻き茎を作る。茎付きの花の完成

花と葉を束ねてアザミの完成

# Ⅷ 花芯にペップを使う花

花に欠かせない要素"花芯"。ペップを束ねてより本物らしい花に仕立てます。

### 41. 桜
作り方:P.96

**Making Point**

糸を巻いたワイヤーをガクに見立てたつぼみ。サテンステッチの上にフライステッチを重ねた葉。これらとペップを花芯にした愛らしい花を束ねると、細部まで表現された桜になります。

(A色)

(B色)

### 42. ハナミズキ
作り方:P.48

# 42. ハナミズキ

作品ページ：P.47
出来上がりサイズ：横7×縦7cm

A色　　B色

## 材料

**A色**
〈25番刺しゅう糸〉
桃（3354）
濃桃（3731）
淡ピンク（819）
緑（3011）
〈フェルト〉
桃（103）
　9cm角…1枚《花弁》
　4cm角…1枚《保護用》

〈ワイヤー〉
#24（白）36cm
　…2本《花弁》
#28（白）36cm
　…1本《花芯》
〈その他〉
ペップ（素玉大）
　…適量《花芯》
アクリル絵の具（イエローグリーン、バーントアンバー、イエローオーカー）
　…適量《花芯》

**B色**
〈25番刺しゅう糸〉
淡ベージュ（712）
灰（644）
黄緑（3348）
オークル（3864）
〈フェルト〉
白（701）
　9cm角…1枚《花弁》
　4cm角…1枚《保護用》

〈ワイヤー〉
#24（白）36cm
　…2本《花弁》
#28（白）36cm
　…1本《花芯》
〈その他〉
ペップ（素玉大）
　…適量《花芯》
アクリル絵の具（イエロー、バーントアンバー、ミドルグリーン）…適量《花芯》

## 作り方

＊フェルトの裁断はP.107参照

1　ペップを着色し、束ねて花芯を1本作る。（P.49 **Tech23**参照）
2　ワイヤー入りの花弁を1枚作る。（P.23 **Tech5**参照）
3　花を作る。（P.49 **Tech24**参照）

## 実物大型紙

＊型紙の見方はP.3参照
＊〈　〉内はB色の作品、[　]内は糸の本数
＊型紙内の線は刺す針目の方向

フェルト：保護用・1枚・桃〈白〉

フェルト：花弁・1枚・桃〈白〉
❶桃〈淡ベージュ〉　ブランケットS[2]
❷ワイヤー#24（白）
❸桃〈淡ベージュ〉　サテンS[3]
❹濃桃〈灰〉　スプリットS[2]
❺桃〈淡ベージュ〉　サテンS[2]
❻桃〈淡ベージュ〉　サテンS[2]
❼桃〈淡ベージュ〉　サテンS[2]
❽淡ピンク〈黄緑〉　ストレートS[1]
❾緑〈オークル〉　ストレートS[1]
＊❹のスプリットSの間に❺、❻、❼のサテンSをする

切り込みを入れる

## Technique 23
ペップを使って花芯を作る

**1** 色味を確認しながらアクリル絵の具を水に溶く

**2** ペップは溶けやすいので、全体をサッと1回浸けて染める

**3** スポンジの上にペップ同士を離して置く。ときどき、置きかえて完全に乾燥させる

**4** ニッパーで半分に切る

**5** 先をそろえて束ねる。中央で半分に折ったワイヤー#28（白）をかけて根元を2〜3回ねじる

**6** ペップの足を5で束ねた部分から2mm残して余分をニッパーで切る

**7** ボンドをペップの底と立ち上がり2mmにたっぷりつける

**8** スポンジに立たせて完全に乾燥させる。花芯の完成

## Technique 24
花弁にワイヤー付きの花芯を通して保護用フェルトを貼る

**9** P.23 Tech5を参照してワイヤー入りの花弁を1枚作る

**10** 花弁の中心に表から目打ちで穴をあける

**11** 花芯の立ち上がり2mmにボンドを塗る

**12** 花芯のワイヤーを表から通す

**13** ペップを花弁に貼り、花びら全体を手のひらで覆うようにして裏から押さえる

**14** 裏に返し、花芯のワイヤー2本を左右にひろげる

**15** ワイヤーを7mmほど残して余分をニッパーで切る

**16** 保護用フェルトを用意する

**17** 保護用フェルトにボンド塗ってワイヤーを隠すように花の裏に貼る

**18** 裏に保護用フェルトを貼ったところ

花びらの表情をつけてハナミズキの完成

**43. クリスマスローズ**
作り方：P.98

**Making Point**

束ねたペップの周囲にさらにペップを貼り付け、2段構造にした花芯。ひと手間加えたこの花芯を付けるだけで、緻密で本物に近い花を咲かせることができます。

（A色）

**44. アネモネ**
作り方：P.99

（B色）

**32. ワイルドローズ**
作り方：P.91

## Technique 25

ペップを使った2段構造の花芯を作る

### ワイルドストロベリーの花芯の作り方

**1** P.49 Tech23と同様にペップ（素玉小）を着色して束ね、花芯の内側を作る

**2** 着色したペップ（素玉中）を長さ1cmほどに切る

**3** 1のペップ（素玉小）の周りにボンドを塗って、ペップ（素玉中）をピンセットで貼る。完全に乾燥させる

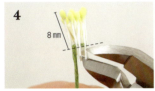

**4** ペップ（素玉中）の余分をニッパーで切り落とす

## Technique 26

ペップの根元に花びらを貼って立体的なワイルドストロベリーの花びらを作る

**5** P.17 Tech1を参照して作った花弁の中心に表から目打ちで穴をあけ、花芯のワイヤーを通す。ペップの根元にボンドを塗り、花びらを貼る

**6** 花びらを少し重ねて立ち上げ、待ち針で固定して乾燥させる

### ★ 簡単な花芯の作り方

ペップを束ねることが苦手な方におすすめです。「どうしてもうまくいかない」という方は次の方法を試してみましょう

**1** ペップを着色し、乾燥させたら束ねて中央にワイヤーをかけ、根元を2〜3回ねじる

**2** ペップを半分に折る

**3** 指定の位置にワイヤーをかけて根元を2〜3回ねじる

**4** 巻いたワイヤーから2mm下をニッパーで切る

**5** 根元にボンドを多めにつける。ボンドは完全に乾燥させる

**6** 花芯の完成

### ★ ペップの長さについて

ペップにワイヤーをかける位置（●）は作品によって異なります。ワイヤーから先は全作品共通で、2mmのところで余分を切り落とします。

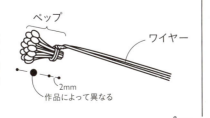

# Ⅸ ボンテンを花の一部に見立てて作る花

化学繊維でできた丸いボンテン。そのままでも花芯になりますが、
細かく切った糸を貼り付ければ好みの色の花や花芯を作ることができます。

45. ノースポール
作り方：P.100

46. ミモザ
作り方：P.53

（A色）
47. ミヤコワスレ
作り方：P.101

（B色）

# 46. ミモザ

作品ページ：P.52
出来上がりサイズ：横8×縦15cm

## 材料

〈25番刺しゅう糸〉
黄 (726)《花小》
濃黄 (725)《花大》
淡緑 (3347)
緑 (895)

〈フェルト〉
緑 (442)
　8×4cm … 3枚《葉》

〈ワイヤー〉
#30 (DG) 36cm
　… 31本《花大+花小》
#24 (DG) 36cm
　… 3本《葉》

〈その他〉
ボンテン（黄）
　直径8mm … 12個《花小》
　直径10mm … 19個《花大》

## 作り方

*フェルトの裁断はP.107参照

1. ワイヤー付きの花小を12個、花大を19個作る。(P.53 Tech27参照)
2. ワイヤー付きの葉を3本作る。(P.31 Tech15参照)
3. 花のワイヤーに刺しゅう糸【緑[1]】を巻いて茎を作る。(P.25 Tech10参照)
4. 花と葉を束ね、刺しゅう糸【緑[1]】を巻いて端を処理する。(P.25 Tech11参照)

## 実物大型紙

*型紙の見方はP.3参照
*[ ]内は糸の本数
*型紙内の線は刺す針目の方向

フェルト：葉・3枚・緑

❶ 淡緑　ブランケットS [2]
❷ ワイヤー #24 (DG)
❸ 淡緑　10〜16回巻きのバリオンS [4]

## 花をまとめる

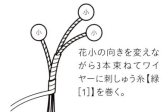

花小の向きを変えながら3本束ねてワイヤーに刺しゅう糸【緑[1]】を巻く。

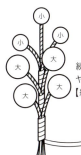

続けて花大を束ね、ワイヤーにさらに刺しゅう糸【緑[1]】を巻く。

## Technique 27
ボンテンを使ってワイヤー付きの花を作る

**1**
ボンテン（8mm）に中央で半分に折ったワイヤー#30 (DG)をかける

**2**
ワイヤーの根元を2〜3回ねじる

**3**
刺しゅう糸【黄[6]】を長さ15cmに切り、細かくなるようにはさみで何度も切る

**4**
ボンテンに竹串でボンドを擦り込むように塗る

**5**
細かくした3の糸をまぶしながら指先で押さえる

**6**
充分に糸を貼り付ける

**7**
花小の完成。同様に10mmのボンテンに刺しゅう糸【濃黄[6]】を貼り付けたもので花大を作る

### ノースポールの花芯の作り方

**2**でワイヤーを巻き付けたボンテンをペンチで挟んで扁平につぶし、**3〜6**と同様に細かくした糸を貼り付ける

# 50. クレマチス

作品ページ：P.54
出来上がりサイズ：横7×縦7cm

## 材料

**A色**

〈25番刺しゅう糸〉
濃紫 (154)
紫 (3834)
淡紫 (3836)
黄 (676)
淡クリーム (746)

〈フェルト〉
紫 (668)
　9cm角 … 2枚《花弁》
黄 (333)
　4cm角 … 1枚《めしべ》

〈ワイヤー〉
#24 (白) 36cm
　… 2本《花弁》
#30 (白) 12cm
　… 17本《おしべ》

〈ビーズ〉
ウッドビーズ (R大／キジ)
　… 1個《めしべ》
丸大ビーズ (No148F)
　… 1個《めしべ》

**B色**

〈25番刺しゅう糸〉
濃青 (792)
青 (3807)
淡青 (794)
黄 (676)
淡クリーム (746)

〈フェルト〉
青 (557)
　9cm角 … 2枚《花弁》
黄 (333)
　4cm角 … 1枚《めしべ》

〈ワイヤー〉
#24 (白) 36cm … 2本《花弁》
#30 (白) 12cm … 17本《おしべ》

〈ビーズ〉
ウッドビーズ (R大／キジ)
　… 1個《めしべ》
丸大ビーズ (No148F)
　… 1個《めしべ》

## 作り方

*フェルトの裁断はP.107参照

1 ワイヤー入りの花弁を2枚作る。(P.23 Tech5参照)
2 ワイヤーに指定の刺しゅう糸を巻いたパーツを17本作り、束ねておしべを1本作る。(P.56 Tech28参照)
3 めしべを1個作る。(P.56の9〜12参照)
4 花芯を作る。(P.56の13参照)
5 花を作る。(P.56の14〜19参照)

## 実物大型紙

*型紙の見方はP.3参照
*〈　〉内はB色の作品、[　] 内は糸の本数
*型紙内の線は刺す針目の方向

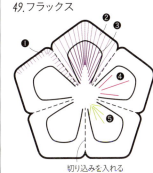

**50. クレマチス**

フェルト：花弁・2枚・紫〈青〉
❶濃紫〈濃青〉　ブランケットS [2]
❷ワイヤー #24 (白)
❸濃紫〈濃青〉　サテンS [3]
❹紫〈青〉　サテンS [2]
❺淡紫〈淡青〉　サテンS [2]
❻淡クリーム〈淡クリーム〉　ストレートS [1]

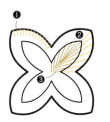

フェルト：めしべ・1枚・黄〈黄〉
❶黄〈黄〉　ブランケットS [2]
❷黄〈黄〉　サテンS [3]
❸淡クリーム〈淡クリーム〉　ストレートS [1]

### 48. フレンチラベンダー

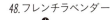
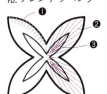

フェルト：花先・1枚・紫
❶淡紫　ブランケットS [2]
❷淡紫　サテンS [2]
❸紫　ストレートS [1]

### 49. フラックス

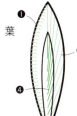

切り込みを入れる

フェルト：花弁・1枚・紫
❶淡紫　ブランケットS [2]
❷淡紫　サテンS [3]
❸紫　サテンS [2]
❹濃紫　ストレートS [1]
❺黄緑　ストレートS [1]

葉

フェルト：葉・5枚・緑
　　　つぼみ・4枚・緑
❶緑　ブランケットS [2]
❷葉のワイヤー #30 (DG)
❸緑　サテンS [2]
❹濃緑　ストレートS [1]

つぼみ

## Technique 28
ワイヤーに糸を巻いておしべを作る

**1** P.23 **Tech15**を参照してワイヤー入りの花弁、P.17 **Tech1**を参照してめしべを用意する

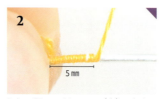

**2** おしべ用のワイヤー#30（白）の中央にボンドを薄く塗り、刺しゅう糸【黄[1]】を5mmほど巻く

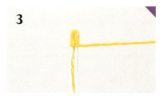

**3** 半分に折る

**4** 折った先から5mmほどの位置まで糸を巻く。糸端は切ってボンドを塗り、ワイヤーに貼る

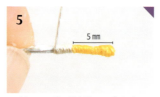

**5** ワイヤーにボンドを塗って先から2cmの位置まで刺しゅう糸【淡クリーム[1]】を巻く

**6** 同様におしべのパーツを17本作る

**7** 先をそろえて17本を束ねる。ワイヤーにボンドを塗って刺しゅう糸【淡クリーム[1]】を3mm巻く

**8** 根元からおわん型に広げておしべが完成

**9** 刺しゅう糸【淡クリーム[1]】を針に通し玉どめをする。めしべの刺しゅうパーツの裏にウッドビーズ、丸大ビーズ、ウッドビーズの順に針を通して縫いとめる

**10** めしべの刺しゅうパーツの裏全体にボンドを塗る

**11** 対角線上を貼る

**12** 残り2枚も貼る。めしべの完成

**13** めしべの底にボンドを塗って**8**の中央に貼り、完全に乾燥させる。花芯の完成

**14** 花弁の中心に表から目打ちで穴をあけ、花芯のワイヤーを通す

**15** 花芯の根元にボンドを塗り、花弁を立ち上げて貼る

**16** 花を裏に返し、余分なワイヤーをニッパーで切る

**17** 花弁の裏中央にボンドを多めに塗る

**18** 花びらをずらして2枚めの花弁を貼り、完全に乾燥させる

**19** 花びらに表情をつける。クレマチスの完成

# 48. フレンチラベンダー

作品ページ：P.54
出来上がりサイズ：横3×縦18cm

### 材料（1本分）

〈25番刺しゅう糸〉
淡紫（156）
紫（155）
濃紫（333）
緑（3052）

〈フェルト〉
紫（662）4cm角
…1枚《花先》

〈ワイヤー〉
#24（DG）36cm
…1本《花先》
#30（DG）36cm
…4本《葉》

〈ビーズ〉
丸大ビーズ（No2108／紫）
…4個《花先》

### 作り方
＊フェルトの裁断はP.107参照　＊型紙はP.55

1. ワイヤー付きの花先と糸巻き台紙を使って花弁を作り、ワイヤー付きの花を1本作る。（P.57 **Tech29**）
2. 葉を4本作る。（下図参照）
3. 花のワイヤーに刺しゅう糸【緑[1]】を巻いて茎を作る。（P.25 **Tech10**参照）
4. 花と葉を束ね、刺しゅう糸【緑[1]】を巻いて端を処理する。（P.25 **Tech11**、下図参照）

葉を作る
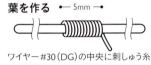
ワイヤー#30（DG）の中央に刺しゅう糸【緑[1]】を5mmほど巻く。

半分に折ってさらに刺しゅう【緑[1]】を2.5cmほど巻く。4本作る。

花と葉を束ねる
花と葉を束ねてワイヤーに刺しゅう糸【緑[1]】を巻く。

## Technique 29
糸巻き台紙のテクニックを応用して花弁を作る

**1** ワイヤー#24（DG）の中央に丸大ビーズを通し、半分に折ってワイヤーの根元を2〜3回ねじる

**2** 丸大ビーズをワイヤーに3個通す

**3** P.17 **Tech1**を参照して作った花先の刺しゅうパーツの中心に裏から目打ちで穴をあけ、ワイヤーを通す。花先の裏全体にボンドを塗る

**4** 丸大ビーズに貼ってワイヤーを軽く巻いて固定し、乾燥させる。乾燥後にワイヤーを外す。ワイヤー付きの花先の完成

**5** 幅1cmの糸巻き台紙に刺しゅう糸【濃紫[6]】を幅が8cmになるように80回巻いて片辺に同糸[2]を貼る。10分ほど乾燥させたら輪を切らずに台紙から外す。花弁の完成（P.29 **Tech12**、P.30 **Tech13**の1〜5参照）

**6** 4のワイヤーの間に花弁の端を挟む

**7** 花先の根元にボンドを塗って花弁の端を貼る

**8** 5で貼った糸側にボンドを塗る

**9** ワイヤーに巻いて貼る

**10** ワイヤー付きの花の完成。葉を作り、花を束ねたらフレンチラベンダーの完成

# 49.フラックス

作品ページ：P.54
出来上がりサイズ：横6×縦13㎝

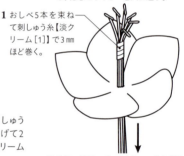

## 材料

**〈25番刺しゅう糸〉**
- 淡紫 (160)
- 紫 (161)
- 濃紫 (333)
- 黄緑 (16)
- 黄 (677)
- 淡クリーム (746)
- 緑 (937)
- 濃緑 (936)

**〈フェルト〉**
- 紫 (662)
  - 6㎝角 … 1枚《花弁》
- 緑 (444)
  - 4㎝角 … 4枚《つぼみ》
  - 5×3㎝ … 5枚《葉》

**〈ワイヤー〉**
- #26 (DG) 36㎝
  - … 4本《つぼみ》
- #30 (DG) 36㎝
  - … 10本《おしべ+葉》

**〈ビーズ〉**
- 丸大ビーズ (No2108／紫)
  - … 4個《つぼみ》

## 作り方

*フェルトの裁断はP.107参照　*型紙はP.55

1. ワイヤー付きのつぼみを4本作る。(P.58 Tech30参照)
2. おしべを5本作る。(P.64 Tech35、下図参照)
3. 花弁を1枚作る。(P.17 Tech1参照)
4. ワイヤー付きの花を作る。(下図参照)
5. ワイヤー付きの葉を5本作る。(P.31 Tech15参照)
6. つぼみと花と葉のワイヤーに刺しゅう糸【濃緑[1]】を巻いて茎を作る。(P.25 Tech10参照)
7. つぼみと花と葉を束ね、刺しゅう糸【濃緑[1]】を巻いて端を処理する。(P.25 Tech11参照)

### おしべを作る

ワイヤー#30 (DG) の中央に刺しゅう糸【黄[1]】を1㎝巻く。T字に曲げて2本のワイヤーに刺しゅう糸【淡クリーム[1]】を1㎝巻く。

### ワイヤー付きの花を作る

1. おしべ5本を束ねて刺しゅう糸【淡クリーム[1]】で3㎜ほど巻く。
2. 花弁の中心に表から目打ちで穴をあけ、花芯のワイヤーを穴に通す。
3. 花芯の根元にボンドを塗って花弁を貼る。

### Technique 30
つぼみの先から花をのぞかせる

**1**

ワイヤー#26 (DG) の中央に丸大ビーズを通し、半分に折ってワイヤーの根元を2〜3回ねじる

**2**
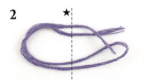
刺しゅう糸【濃紫[6]】を16㎝の長さに切って2度たたむ

**3**

★の位置に1のワイヤーをかけ、根元を2〜3回ねじる

**4**

**5**

丸大ビーズにボンドを塗って糸を貼る

**6**

指先でしっかり押さえて丸大ビーズに貼り付ける

**7**

P.17 Tech1を参照して作ったつぼみの刺しゅうパーツの中心に裏から目打ちで穴をあけ、ワイヤーを通してボンドを裏全体に塗る

**8**

たたんだ糸の根元にある丸大ビーズを包むようにつぼみの刺しゅうパーツを貼る

**9**

つぼみの刺しゅうパーツからはみだしている糸を2〜3㎜残して切る

**10**

ワイヤー付きのつぼみの完成

# XI 特徴あるワイヤー使いをする花

使い方次第で実のヘタやビーズを使った花芯などに仕立てられる便利なワイヤー。

51. フサスグリ
作り方：P.102

29. ワイルドストロベリー
作り方：P.61

27. クローバーとシロツメクサ
作り方：P.60

41. 桜
作り方：P.96

18. ユリ
作り方：P.35

# 27. クローバーとシロツメクサ

作品ページ：P.37,59
出来上がりサイズ：横6×縦10cm

## 材料

**〈25番刺しゅう糸〉**
生成り（ECRU）
淡緑（3819）
緑（166）
濃緑（581）

**〈フェルト〉**
白（701）
　5cm角 … 2枚
　《シロツメクサ》

緑（450）
　3cm角 … 2枚《ガク》
　5cm角 … 5枚《クローバー》

**〈ワイヤー〉**
#24（LG）18cm
　… 2本《シロツメクサ》
#26（LG）36cm
　… 5本《クローバー》

**〈ビーズ〉**
丸小ビーズ（No762／白）
　… 14個《シロツメクサ》
丸大ビーズ（No4／緑）
　… 5個《クローバー》

**〈その他〉**
手芸用わた
　… 適量《シロツメクサ》
木綿糸 … 適量
　《シロツメクサ》

## 作り方
＊フェルトの裁断はP.107参照　＊型紙はP.65

1 茎付きのクローバーを5本（三つ葉4本、四つ葉1本）作る。（P.60 Tech31参照）
2 シロツメクサの花弁の刺しゅうパーツを作り、わたを詰めて花を2個作る。（P.17 Tech1、P.39 Tech19参照）
3 ガクと茎付きのシロツメクサを2本作る。（下図参照）
4 クローバーとシロツメクサを束ね、刺しゅう糸【濃緑[1]】を巻いて端を処理する。（P.25 Tech11、下図参照）

### ガクと茎付きのシロツメクサを作る

先を直径3mmの輪にしたワイヤー#24（LG）を、中心に目打ちで穴をあけたガクに通す。

ガクにボンドを塗って花の裏に貼り、待ち針を刺して乾燥。ボンドを少しずつ薄く塗りながら、ワイヤーに刺しゅう糸【濃緑[1]】を巻いて茎を作る。

### クローバーとシロツメクサを束ねる

シロツメクサとクローバーを束ねて刺しゅう糸【濃緑[1]】を巻く。

---

## Technique 31
ワイヤーとビーズでクローバーの茎を作る

**1**
ワイヤー#26（LG）の中央に丸大ビーズ（緑）を通し、半分に折って根元を2〜3回ねじる

**2**
P.17 Tech1を参照して作った三つ葉（四つ葉）の中心に表から目打ちで穴をあけ、ワイヤーを通す

**3**
刺しゅう糸【濃緑[1]】を針に通して玉結びを作る。三つ葉（四つ葉）の裏から針を出す

**4**
丸大ビーズの穴に針を通す

**5**
針を裏に出す。これを2〜3回繰り返して縫いとめる

**6**
そのままワイヤーにボンドを少しずつ薄く塗りながら、必要な長さまで糸を巻きつける。茎付きのクローバーの完成

## 29.ワイルドストロベリー

作品ページ：P.12,40,59
出来上がりサイズ：横8×縦8cm

### 材料

〈25番刺しゅう糸〉
白（746）
黄緑（3348）
淡緑（988）
緑（987）
濃緑（500）

〈フェルト〉
白（701）5cm角…3枚《花弁》
緑（450）
　7×5cm…3枚《葉》
　2cm角…3枚《ガク》

〈ワイヤー〉
#28（DG）36cm
　…3本《葉》
#21（DG）18cm
　…4本《実》
#30（DG）36cm
　…7本《花芯＋ヘタ》

〈その他〉
ペップ（素玉小、中）
　…適量《花芯》
樹脂粘土…適量《実》

油絵の具（クリムソンレーキ、ランプブラック）
　…適量《実》
水性アクリル水性アクリルニス（厚塗りツヤ出し）
　…適量《実》
アクリル絵の具（イエロー）
　…適量《花芯》

### 作り方

＊フェルトの裁断はP.107参照　＊型紙はP.65

1 実を4つ作る。（P.42 Tech20、P.43 Tech21参照）
2 実にヘタを付ける。（P.61 Tech32参照）
3 ペップを着色し、2段構造の花芯を3本作る。（P.51 Tech25参照）
4 花弁を3枚作る。（P.17 Tech1参照）
5 ガクと茎付きの花を作る。（P.51 Tech26、下図参照）
6 ワイヤー付きの葉a、b、b'を各1本作り、3本を束ねて茎付きの葉を1本作る。（P.31 Tech15、下図参照）
7 実と花と葉を束ね、刺しゅう糸【濃緑[1]】を巻いて端を処理する。（P.25 Tech11参照）

**ガクと茎付きの花を作る**

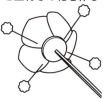

ガクの中心に穴をあけ、花芯のワイヤーに通して花弁を貼る。ワイヤーに刺しゅう糸【濃緑[1]】を巻いて茎を作る。花びらが固定するまで待ち針はさしたまま。

**茎付きの葉を作る**

葉を束ねてワイヤーに刺しゅう糸【濃緑[1]】を巻く。

### Technique 32
ワイヤーを折り曲げてヘタを作る

**1**

刺しゅう糸【濃緑[1]】をワイヤー#30（DG）の中央に幅6.5cm巻き糸は切らずに、写真のように5mm幅に5回曲げる

**2**

ワイヤーを直角に曲げる

**3**

ワイヤーを放射状に広げてヘタの形にする

**4**

ワイヤー2本の根元にボンドを少しずつ薄く塗りながら、1で残した刺しゅう糸を2～3回ほど巻く。糸は切らない

**5**

広げたヘタの中心に実のワイヤーを通す

**6**

ヘタにボンドを塗る

**7**

実をヘタに貼って、4の刺しゅう糸を続けてワイヤーに必要な長さまで巻く。この作品では7cm巻いた。ヘタと茎付きの実の完成

### 52. タチアオイ
**作り方:P.104**

**Making Point**

つぼみはウッドビーズに糸を巻いたものと刺しゅうパーツを貼り付けたもの、2種類を作ります。花芯は糸を巻いたワイヤーにビーズを貼り付けて制作。花弁や葉にはワイヤーを入れており、多くのテクニックがこの花一本に詰まっています。

### 54. アジサイ
**作り方:P.103**

(A色)

### 53. タチアオイの花
**作り方:P.104**

(B色) (C色)

### 55. ハナビシソウ
**作り方:P.63**

## 55. ハナビシソウ

作品ページ：P.62
出来上がりサイズ：横6×縦9cm

### 材料

〈25番刺しゅう糸〉
淡橙（741）
橙（740）
濃橙（946）
緑（906）

〈フェルト〉
橙（370）7cm角…1枚《花弁》

〈ワイヤー〉
#30（白）36cm…3本《花芯》
#26（白）36cm…1本《花弁》
#30（DG）36cm
…25本《葉》

〈ビーズ〉
特小（No10／橙）
…3個《花芯》
丸小（No10／橙）
…15個《花芯》
丸大（No10／橙）
…1個《花芯》

### 作り方

*フェルトの裁断はP.107参照　*型紙はP.65

1. ワイヤー入りの花弁を1枚作る。（P.23 Tech5参照）
2. 花芯を1本作る。（P.63 Tech33参照）
3. 茎付きの花を1本作る。（右図参照）
4. 茎付きの葉を作る。（P.63 Tech34参照）
5. 花と葉を束ね、刺しゅう糸【緑[1]】を巻いて端を処理する。（P.25 Tech11参照）

### 茎付きの花を作る

花弁の中心に表から目打ちで穴をあけ、花芯のワイヤーを通す。丸大ビーズの根元にボンドを塗って、花弁を貼る。

ワイヤーにボンドを薄く塗り、刺しゅう糸【緑[1]】を巻いて茎を作る。

### Technique 33
ビーズとワイヤーで花芯を作る

**1** ワイヤー#30（白）の中央に特小ビーズを1個通し、根元を2〜3回ねじる

**2** 丸小ビーズを5個通す。これを3本作る

**3** 3本全てのワイヤーを丸大ビーズ1個に通し、丸小ビーズの根元にボンドを塗って貼る。花芯の完成

### Technique 34　刺しゅう糸を巻いたワイヤーで葉を作る

**5** ワイヤー#30（DG）の中央に刺しゅう糸【緑[1]】を5mmほど巻いて半分に折る

**6** そのまま必要な長さまでワイヤーにボンドを少しずつ薄く塗りながら、巻いて糸を切る。同様に25本作る

**7** 6で作ったワイヤーを束ねて巻くことを繰り返す

**8** 5〜7で作ったパーツ3〜4本を束ねた葉を3本作る。残りも同様に作る

**9** 8で作った葉を束ねて糸を巻く。葉の完成

**10** 束ねて太くなりすぎたワイヤーは、束ねたワイヤーを少し開き、中央のワイヤーを数本切って調整する

**11** 再び、ワイヤーにボンドを少しずつ薄く塗りながら、糸を巻く

**12** 調整後、茎が細くなる

# Technique 35

花芯や実を
ワイヤーで作る

### タチアオイの花芯の作り方

**1** ワイヤー#26（DG）の中央に刺しゅう糸【黄緑[1]】を5mmほど巻いて半分に折り、続けて3cmほど巻く

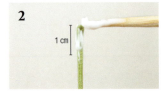
**2** 先端1cmのところにボンドを塗る

**3** 特小ビーズ（黄）を貼り、ボンドを完全に乾燥させる

### タチアオイの花を作る

**4** 丸大ビーズ（黄）を通し、ワイヤーの先から2.5cmのところにボンドを塗って貼る。完全に乾燥させる。花芯の完成

**5** 花弁の中央に表から目打ちで穴をあけ、花芯のワイヤーを通す

**6** 丸大ビーズの根元にボンドを塗って花弁に貼る

**7** 手のひらで花を覆うようにして貼り、表情をつける

**8** 下に向けて乾燥させる。ワイヤー付きの花の完成

### ユリ・フラックスの花芯の作り方

**1** ワイヤー#28（LG）の中央に刺しゅう糸【茶[1]】を2cm巻いて写真のようにT字に折る。フラックスはワイヤー#30（DG）に刺しゅう糸【黄[1]】を1cm巻いて同様に折る

**2** 中央から右に糸を巻き、右から中央に巻き戻る。中央をまたいで左側にも糸を巻き、中央に戻る

**3** ワイヤー2本の根元に2～3回糸を巻き、ボンドで貼って切る

**4** 続けて刺しゅう糸【淡朱[1]】を4cm巻く。これを6本作る。おしべの完成。フラックスは刺しゅう糸【淡クリーム[1]】を1cm巻いて5本作る

**5** 着色したユリペップ（めしべ）の根元にボンドを少し塗り、中央にしておしべ6本と共に束ねる。フラックスはユリペップ不要

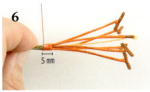
**6** 束ねたワイヤーに刺しゅう糸【淡朱[1]】を5mm巻き、ボンドで貼って切る。フラックスは刺しゅう糸【淡クリーム[1]】を3mm巻く。花芯の完成

### フサスグリの茎付きの実の作り方

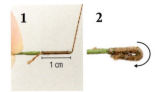
**1・2** ワイヤー#24（DG）の端1cmに刺しゅう糸【茶[1]】を巻き、巻いた部分を半分に折る

**3** ハンドメイドビーズを通して**2**のワイヤーの根元にボンドを塗る

**4** ハンドメイドビーズを貼る

**5** ワイヤーにボンドを少しずつ薄く塗りながら、刺しゅう糸【濃緑[1]】を必要な長さまで巻く。茎付きの実の完成

# 実物大型紙

\*型紙の見方は P.3 参照
\*[ ]内は糸の本数
\*型紙内の線は刺す針目の方向

## 27. クローバーとシロツメクサ

シロツメクサ

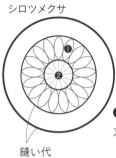

縫い代

**フェルト：花弁・2枚・白**
❶生成り　10回巻きのバリオンS[3]
❷淡緑　ストレートS[1]

❷の上に刺す
丸小ビーズの位置

クローバー（三つ葉）

クローバー（四つ葉）

**フェルト：三つ葉・4枚・緑**
**四つ葉・1枚・緑**
❶緑　ブランケットS[2]
❷緑　サテンS[2]
❸濃緑　サテンS[1]
❹生成り　ストレートS[1]

**フェルト：ガク・2枚・緑**

## 29. ワイルドストロベリー

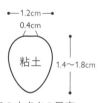

実の大きさの目安

葉 a

**フェルト：葉a・1枚・緑**
**葉b、b'・各1枚・緑**
❶淡緑　ブランケットS[2]
❷ワイヤー #28（DG）
❸淡緑　サテンS[3]
❹緑　サテンS[2]
❺緑　サテンS[2]
❻濃緑　フライS[1]

葉 b（b'はbを反転させる）

**フェルト：花弁・3枚・白**
❶白　ブランケットS[2]
❷白　サテンS[3]
❸黄緑　ストレートS[1]

切り込みを入れる

**フェルト：ガク・3枚・緑**

## 55. ハナビシソウ

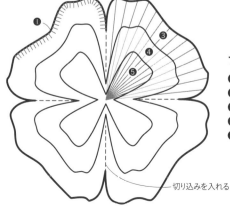

切り込みを入れる

**フェルト：花弁・1枚・橙**
❶淡橙　ブランケットS[2]
❷ワイヤー #26（白）
❸淡橙　サテンS[3]
❹橙　サテンS[2]
❺濃橙　ストレートS[1]

65

## 2. パンジー

作品ページ：P.14-15
出来上がりサイズ：横5×縦6cm

A色（紫）
B色（黄）

### 材料

**A色**

〈25番刺しゅう糸〉
淡紫（554）
紫（552）
濃紫（550）
青（791）
赤紫（35）

〈フェルト〉
桃（102）8cm角 … 1枚《花弁大》
赤（118）5×8cm … 1枚《花弁小》

〈ビーズ〉
ハンドメイドビーズ
（α-5130-11／黄）… 1個《花芯》

〈その他〉
木綿糸 … 適量

**B色**

〈25番刺しゅう糸〉
淡黄（3822）
黄（3820）
濃黄（782）
茶（938）
青紫（333）

〈フェルト〉
黄（331）8cm角 … 1枚《花弁大》
紫（663）5×8cm … 1枚《花弁小》

〈ビーズ〉
ハンドメイドビーズ
（α-5130-11／黄）… 1個《花芯》

〈その他〉
木綿糸 … 適量

### 作り方

＊型紙はP.67
＊フェルトの裁断はP.107参照

1 花弁小、花弁大を各1枚作る。（P.17 Tech1参照）
2 花を作る。（P.20 Tech4参照）

## 3. ビオラ

作品ページ：P.14-15
出来上がりサイズ：横3×縦3cm

A色（青）
B色（黄）

### 材料

**A色**

〈25番刺しゅう糸〉
青（158）
濃青（791）
紫（550）

〈フェルト〉
青（557）5cm角 … 1枚《花弁大》
紫（668）4×5cm … 1枚《花弁小》

〈ビーズ〉
丸小ビーズ（No148F）… 1個《花芯》

〈その他〉
木綿糸 … 適量

**B色**

〈25番刺しゅう糸〉
黄（728）
濃黄（783）
青（824）

〈フェルト〉
黄（383）5cm角 … 1枚《花弁大》
青（557）4×5cm … 1枚《花弁小》

〈ビーズ〉
丸小ビーズ（No34）… 1個《花芯》

〈その他〉
木綿糸 … 適量

### 作り方

＊型紙はP.67
＊フェルトの裁断はP.107参照

1 花弁小、花弁大を各1枚作る。（P.17 Tech1参照）
2 花を作る。（P.20 Tech4参照）

# 実物大型紙

*型紙の見方は P.3 参照
*〈　〉内はB色の作品、[ ]内は糸の本数
*型紙内の線は刺す針目の方向

## 2. パンジー

**フェルト:花弁大・1枚・桃〈黄〉**
- ❶ 淡紫〈淡黄〉　ブランケットS[2]
- ❷ 淡紫〈淡黄〉　サテンS[3]
- ❸ 紫〈黄〉　サテンS[2]
- ❹ 濃紫〈濃黄〉　サテンS[2]
- ❺ 青〈茶〉　ストレートS[1]

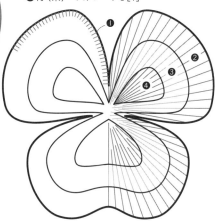

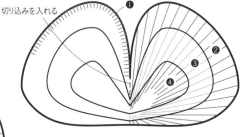

切り込みを入れる

**フェルト:花弁小・1枚・赤〈紫〉**
- ❶ 赤紫〈青紫〉　ブランケットS[2]
- ❷ 赤紫〈青紫〉　サテンS[3]
- ❸ 赤紫〈青紫〉　サテンS[2]
- ❹ 赤紫〈青紫〉　サテンS[2]

## 3. ビオラ

**フェルト:花弁大・1枚・青〈黄〉**
- ❶ 青〈黄〉　ブランケットS[2]
- ❷ 青〈黄〉　サテンS[3]
- ❸ 濃青〈濃黄〉　サテンS[2]
- ❹ 紫〈青〉　ストレートS[1]

切り込みを入れる

**フェルト:花弁小・1枚・紫〈青〉**
- ❶ 紫〈青〉　ブランケットS[2]
- ❷ 紫〈青〉　サテンS[3]
- ❸ 紫〈青〉　サテンS[2]

## 12. スズラン

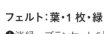

## 11. スノードロップ

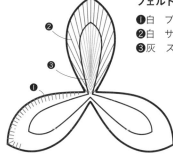

**フェルト:花弁・5枚・白**
- ❶ 白　ブランケットS[2]
- ❷ 白　サテンS[3]
- ❸ 灰　ストレートS[2]

**フェルト:葉・3枚・緑**
*10. 越前水仙の葉と同じ型紙（P.75）*
- ❶ 緑　ブランケットS[2]
- ❷ ワイヤー #24（DG）
- ❸ 緑　サテンS[3]
- ❹ 濃緑　サテンS[2]

**フェルト:葉・1枚・緑**
- ❶ 淡緑　ブランケットS[2]
- ❷ ワイヤー #24（DG）
- ❸ 淡緑　サテンS[3]
- ❹ 緑　サテンS[2]
- ❺ 濃緑　サテンS[2]
- ❻ 濃緑　サテンS[2]

## 11. スノードロップ

**作品ページ**：P.26
**出来上がりサイズ**：横8×縦18cm

### 材料

〈25番刺しゅう糸〉
白（B5200）
灰（762）
緑（581）
濃緑（580）

〈フェルト〉
白（701）6cm角 … 5枚《花弁》
緑（442）13×4cm … 3枚《葉》

〈ワイヤー〉
#26（DG）36cm … 10本《花芯+ガクa》
#24（DG）36cm … 3本《葉》

〈ビーズ〉
丸大ビーズ（No4／緑）… 5個《花芯》
ウッドビーズ
　（N小／キジ）… 5個《ガクb》
　（N大／キジ）… 5個《花芯》

### 作り方
＊型紙はP.67
＊フェルトの裁断はP.107参照

1. ガクaを5本作る。（下図参照）
2. ウッドビーズに糸を巻いてガクbと花芯を各5個作る。（P.23 Tech6, P.24 Tech7, 下図参照）
3. 花弁を5枚作る。（P.17 Tech1参照）
4. ガクと茎付きの花を5本作る。（P.27 Tech6応用, 下図参照）
5. ワイヤー付きの葉を3枚作る。（P.31 Tech15参照）
6. 花と葉を束ね、刺しゅう糸【濃緑[1]】を巻いて端を処理する。（P.25 Tech11参照）

5.5cm
5.5cm

### ガクaを作る

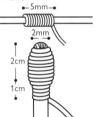

ワイヤー#26（DG）に刺しゅう糸【濃緑[1]】を5mmほど巻いて半分に折り、中央が膨らむように太さを調節して2cm巻く。続けて3cmの長さになるまで巻く。

### ガクbと花芯を作る

花芯　　ガクb

花芯はウッドビーズ（N大）に刺しゅう糸【緑[1]】を、ガクbはウッドビーズ（N小）に刺しゅう糸【濃緑[1]】を巻く。

### ガクと茎付きの花を作る

丸大ビーズ（緑）をワイヤーに通して根元をねじる。花弁の中心に裏から目打ちで穴をあける。ワイヤーに花芯、花弁の順に通し、ボンドで貼る

花の根元にボンドを塗ってガクbを貼る。

ガクaと花を束ねてワイヤーに刺しゅう糸【濃緑[1]】を巻いて茎を作る。

---

## 12. スズラン

**作品ページ**：P.11, 26
**出来上がりサイズ**：横6×縦14cm

### 材料

〈25番刺しゅう糸〉
淡緑（469）
緑（936）
濃緑（935）
生成り（ECRU）

〈フェルト〉
緑（444）15×7cm … 1枚《葉》

〈ワイヤー〉
#28（DG）36cm … 13本《花》
#24（DG）36cm … 1本《葉》

〈ビーズ〉
丸小ビーズ（No51／白）… 4個《花小》
丸大ビーズ（No51／白）… 9個《花大》
ウッドビーズ
　（R小／キジ）… 4個《花小》
　（R大／キジ）… 9個《花大》

2cm

### 作り方
＊型紙はP.67
＊フェルトの裁断はP.107参照

1. ワイヤー付きの葉を1枚作る。（P.31 Tech15参照）
2. ウッドビーズに糸を巻いて茎付きの花小を4本、花大を9本作る。（P.23 Tech6, P.24 Tech7, 下図参照）
3. 花と葉を束ね、刺しゅう糸【濃緑[1]】を巻いて端を処理する。（P.25 Tech11参照）

### 茎付きの花小と花大を作る

ウッドビーズ（R小）に刺しゅう糸【生成り[1]】を巻く。

丸小ビーズ（白）をワイヤー#28（DG）に通して根元をねじる。ウッドビーズに通して貼る。

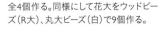

全4個作る。同様にして花大をウッドビーズ（R大）、丸大ビーズ（白）で9個作る。

ワイヤーにボンドを薄く塗りながら刺しゅう糸【濃緑[1]】を巻いて茎を作る。

### 花と葉を束ねる

花小から花大の順に花の向きを左右交互に向けながら束ね、ワイヤーに刺しゅう糸【濃緑[1]】を巻く。

# 4. ヒメヒマワリ

作品ページ：P.15
出来上がりサイズ：横8×縦8cm

## 材料

**〈25番刺しゅう糸〉**
淡黄 (676)
黄 (729)
濃黄 (3829)

**〈フェルト〉**
黄 (331) 11cm角 … 2枚《花弁》
濃茶 (229) 1×20cm … 2枚《花芯a》
茶 (227) 1.2×15cm … 1枚《花芯b》

**〈その他〉**
木綿糸 … 適量《花芯》

## 作り方

*フェルトの裁断はP.107参照

1 花弁を2枚作る。(P.17 Tech1参照)
2 花芯を1個作る。(下図参照)
3 花を作る。(下図参照)

### 花芯を作る

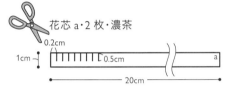

花芯 a・2枚・濃茶

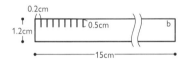

花芯 b・1枚・茶

①フェルトを指定の色、枚数に裁断し、幅0.2×深さ0.5cmの切り込みを端まで入れる。

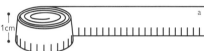

②1枚めの花芯aを巻く。

③根元を木綿糸で放射状に縫う。

根元の縫い方

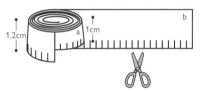

④2枚めの花芯aを③の上に巻いて根元を放射状に縫う。

⑤花芯bを底の位置に合わせてさらに1周巻きつけ、余分を切って根元を放射状に縫う。

### 花を作る

⑥花弁1枚の中心にボンドを塗って、もう1枚を花びらをずらして重ねて貼る。中心はある程度固定されるまで細工棒やペンで押さえる。30分以上乾燥させたら花芯の底にボンドを塗って貼る。

### 実物大型紙

*型紙の見方はP.3参照
*[ ]内は糸の本数
*型紙内の線は刺す針目の方向

**フェルト：花弁・2枚・黄**

❶ 淡黄　ブランケットS[2]
❷ 淡黄　サテンS[3]
❸ 黄　　サテンS[2]
❹ 濃黄　サテンS[2]

# 5. ダリア

作品ページ：P.15
出来上がりサイズ：横8×縦8cm

## 材料

〈25番刺しゅう糸〉
淡黄（3078）
黄（727）
濃黄（726）
淡橙（725）
橙（972）

〈フェルト〉
淡黄（304）
　　　11cm角 … 1枚《花弁特大》
　　　10cm角 … 1枚《花弁大》
黄（331）9cm角 … 1枚《花弁中》
濃黄（383）8cm角 … 1枚《花弁小》

〈ビーズ〉
ダガービーズ（CMD-20／黄）… 14個《花芯》

〈その他〉
木綿糸 … 適量《花芯》

## 作り方

＊型紙はP.71
＊フェルトの裁断はP.107参照

1 花弁小、花弁中、花弁大、花弁特大を各1枚作る。（P.17 Tech1参照）
2 花を作る。（下図参照）

### 花を作る

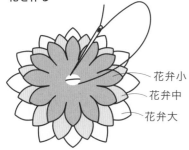

花弁大の上に花弁中、花弁小をずらして重ね、しつけを十字にかける。

ダガービーズを中心直径8mmになるように縫いとめる。

中心直径8mm内側にもダガービーズを縫いとめて埋め、花弁大の裏、中心にボンドを塗って花弁特大に貼る。中心はある程度固定されるまで細工棒やペンで押さえる。

# 実物大型紙

*型紙の見方は P.3 参照
*[ ]内は糸の本数
*型紙内の線は刺す針目の方向

フェルト：花弁小・1枚・濃黄

❶ 淡橙　ブランケットS [2]
❷ 淡橙　サテンS [3]
❸ 橙　　サテンS [2]

フェルト：花弁中・1枚・黄

❶ 濃黄　ブランケットS [2]
❷ 濃黄　サテンS [3]
❸ 淡橙　サテンS [2]
❹ 橙　　サテンS [2]

フェルト：花弁大・1枚・淡黄

❶ 黄　　ブランケットS [2]
❷ 黄　　サテンS [3]
❸ 濃黄　サテンS [2]
❹ 淡橙　サテンS [2]

フェルト：花弁特大・1枚・淡黄

❶ 淡黄　ブランケットS [2]
❷ 淡黄　サテンS [3]
❸ 黄　　サテンS [2]
❹ 濃黄　サテンS [2]

71

# 6. マリーゴールド

作品ページ：P.15
出来上がりサイズ：横6×縦6cm

A色（黄）
B色（オレンジ）

## 材料

### A色

〈25番刺しゅう糸〉
淡黄（728）
黄（783）
濃黄（782）
橙（720）

〈フェルト〉
黄（333）
　9cm角…1枚《花弁大》
　8cm角…1枚《花弁中》
　7cm角…1枚《花弁小》

〈その他〉
木綿糸…適量《花芯》

〈ビーズ〉
丸小ビーズ（No148F／黄）…21個《花芯》
1分竹ビーズ（No2／黄）…21個《花芯》

### B色

〈25番刺しゅう糸〉
淡橙（922）
橙（921）
濃橙（920）
茶（918）

〈フェルト〉
橙（370）
　9cm角…1枚《花弁大》
　8cm角…1枚《花弁中》
　7cm角…1枚《花弁小》

〈その他〉
木綿糸…適量《花芯》

〈ビーズ〉
丸小ビーズ（No24BF／黄）…21個《花芯》
1分竹ビーズ（No2／黄）…21個《花芯》

## 作り方

＊フェルトの裁断はP.107参照

1 花弁小、花弁中、花弁大を各1枚作る。（P.17 Tech1参照）
2 花を作る。（P.20 Tech3参照）

### 実物大型紙

＊型紙の見方はP.3参照
＊〈　〉内はB色の作品、［　］内は糸の本数
＊型紙内の線は刺す針目の方向

フェルト：花弁小・1枚・黄〈橙〉
❶黄〈橙〉　ブランケットS［2］
❷黄〈橙〉　サテンS［3］
❸濃黄〈濃橙〉　サテンS［2］
❹橙〈茶〉　ストレートS［2］

フェルト：花弁大と花弁中・各1枚・黄〈橙〉
❶淡黄〈淡橙〉　ブランケットS［2］
❷淡黄〈淡橙〉　サテンS［3］
❸黄〈橙〉　サテンS［2］
❹濃黄〈濃橙〉　サテンS［2］

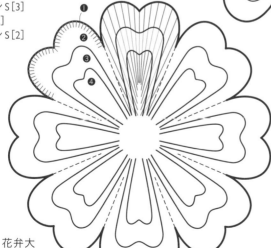

花弁大

切り込みを入れる

花弁中

# 9. ヒペリカム

作品ページ：P.26
出来上がりサイズ：横4×縦8cm

## 材料

〈25番刺しゅう糸〉
淡黄 (745)
黄 (743)
濃黄 (742)
赤 (777)
緑 (700)
濃緑 (699)

〈フェルト〉
黄 (383)
　6cm角…1枚《花弁》
濃緑 (440)
　5cm角…3枚《実の葉》
　3cm角…1枚《ガク》

〈ワイヤー〉
#26 (DG) 36cm…4本《花＋実》

〈ビーズ〉
丸小ビーズ
　(No5D／赤)…3個《実》
　(No148F／黄)…1個《めしべ》
ウッドビーズ
　(N大／キジ)…3個《実》
　(R小／キジ)…1個《めしべ》

〈その他〉
ペップ (素玉中)…適量《おしべ》
アクリル絵の具 (イエロー)…適量《おしべ》

## 作り方

*フェルトの裁断はP.107参照

1. 花弁を1枚作る。(P.17 Tech1参照)
2. めしべを1個作る。(P.27 Tech6応用参照)
3. ペップを着色し、束ねておしべを1本作る。(P.49 Tech23,下図参照)
4. ガクと茎付きの花を1本作る。(下図参照)
5. 実の葉を3枚作る。(P.17 Tech1参照)
6. 茎付きの実を3本作る。
   (P.23 Tech6,P.24 Tech7,P.27 Tech6応用,下図参照)
7. 花と実を束ね、刺しゅう糸【濃緑[1]】を巻いて端を処理する。
   (P.25 Tech11参照)

### おしべを作る

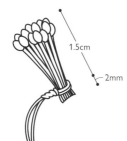

### ガクと茎付きの花を作る

おしべを広げ、めしべの裏にボンドを塗って貼り、花芯を作る。

花弁とガクの中心に表から目打ちで穴をあける。花芯のワイヤーを花弁に通す。ペップの根元にボンドを塗って花弁に貼る。ガクをワイヤーに通し、ボンドを塗って花の裏に貼る。ワイヤーに刺しゅう糸【濃緑[1]】を巻いて茎を作る。

### 茎付きの実を作る

丸小ビーズ(赤)をワイヤー#26(DG)に通して根元をねじる。

刺しゅう糸【赤[1]】を巻いたウッドビーズ(N大)にワイヤーを通し、丸小ビーズの根元にボンドを塗って貼る。

実の葉の中心に裏から目打ちで穴をあけ、ワイヤーを通す。

実の葉にボンドを塗ってウッドビーズに貼る。

### 実物大型紙

*型紙の見方はP.3参照
*[ ]内は糸の本数
*型紙内の線は刺す針目の方向

フェルト：実の葉・3枚・濃緑
❶緑　ブランケットS[2]
❷緑　サテンS[2]
❸濃緑　ストレートS[1]

切り込みを入れる

フェルト：ガク・1枚・濃緑

フェルト：花弁・1枚・黄
❶黄　ブランケットS[2]
❷黄　サテンS[3]
❸濃黄　ストレートS[1]

# 8. コスモス

作品ページ：P.26
出来上がりサイズ：横7×縦20cm

## 材料

〈25番刺しゅう糸〉
淡茶（3830）
茶（355）
濃茶（3777）
緑（3012）
濃緑（3011）

〈フェルト〉
橙（144）
　7cm角…2枚《花弁》
　5cm角…1枚《つぼみ》
緑（442）
　6×5cm…2枚《葉大》
　4×3cm…4枚《葉小》
　3cm角…2枚《ガク》

〈ワイヤー〉
#26（DG）36cm…9本《花芯+つぼみ+葉小+葉大》

〈ビーズ〉
ウッドビーズ（R小／キジ）…1個《つぼみ》
アンバーカラービーズ（No2152／茶）…1個《つぼみ》

〈その他〉
ペップ（バラ）…適量《花芯》
アクリル絵の具（バーントアンバー、ブラック）…適量《花芯》

## 作り方

*型紙はP.75
*フェルトの裁断はP.107参照

1 花弁を2枚作る。（P.17 Tech1参照）
2 ペップを着色し、束ねて花芯を2本作る。（P.49 Tech23参照）
3 ガクとワイヤー付きの花を2本作る。（下図参照）
4 つぼみ花弁を1枚作る。（P.17 Tech1参照）
5 ワイヤー付きのつぼみを作る。（P.27 Tech6応用,下図参照）
6 ワイヤー付きの葉小4枚、葉大を2枚作り、束ねて茎付きの葉を2本作る。（P.31 Tech15,下図参照）
7 花とつぼみのワイヤーに刺しゅう糸【濃緑[1]】を巻いて茎を作る。（P.25 Tech10参照）
8 花とつぼみと葉を束ね、刺しゅう糸【濃緑[1]】を巻いて端を処理する。（P.25 Tech11参照）

### ガクとワイヤー付きの花を作る

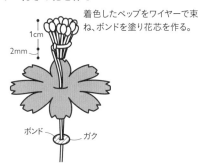

花弁とガクの中心に表から目打ちで穴をあけ、花芯のワイヤーを通す。ペップにボンドを塗って花弁に貼る。ガクをワイヤーに通し、ボンドを塗って花弁の裏に貼る。

### ワイヤー付きのつぼみを作る

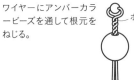

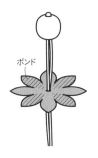

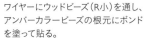
ワイヤーにウッドビーズ（R小）を通し、アンバーカラービーズの根元にボンドを塗って貼る。

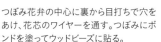
つぼみ花弁の中心に裏から目打ちで穴をあけ、花芯のワイヤーを通す。つぼみにボンドを塗ってウッドビーズに貼る。

### 茎付きの葉を作る

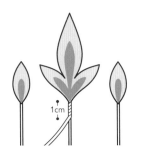

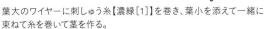
葉大のワイヤーに刺しゅう糸【濃緑[1]】を巻き、葉小を添えて一緒に束ねて糸を巻いて茎を作る。

# 実物大型紙

*型紙の見方は P.3 参照
*[ ] 内は糸の本数
*型紙内の線は刺す針目の方向

## 8.コスモス

フェルト:ガク・2 枚・緑

葉小

葉大

フェルト:花弁・2 枚・橙
- ❶ 淡茶　ブランケットS[2]
- ❷ 淡茶　サテンS[3]
- ❸ 茶　サテンS[2]
- ❹ 濃茶　ストレートS[1]

フェルト:つぼみ花弁・1 枚・橙
- ❶ 淡茶　ブランケットS[2]
- ❷ 淡茶　サテンS[2]
- ❸ 茶　ストレートS[1]

フェルト:葉小・4 枚・緑
　　　葉大・2 枚・緑
- ❶ 緑　ブランケットS[2]
- ❷ 緑　サテンS[2]
- ❸ 濃緑　ストレートS[1]

## 10.越前水仙

フェルト:花弁・4 枚・白
　　　つぼみ花弁・1 枚・白
- ❶ 白　ブランケットS[2]
- ❷ 白　サテンS[3]
- ❸ クリーム　サテンS[2]

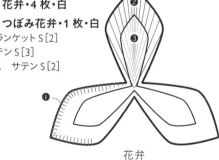

花弁

つぼみ花弁

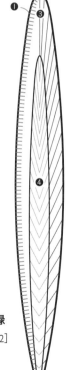

フェルト:花芯大・2 枚・黄
- ❶ 黄　ブランケットS[2]
- ❷ 黄　サテンS[3]
- ❸ 黄　サテンS[2]

フェルト:葉・2 枚・緑
- ❶ 緑　ブランケットS[2]
- ❷ ワイヤー #24(DG)
- ❸ 緑　サテンS[3]
- ❹ 濃緑　サテンS[2]

75

## 10. 越前水仙

作品ページ：P.6,26
出来上がりサイズ：横7×縦17cm

### 材料

〈25番刺しゅう糸〉
白(712)
クリーム(739)
黄(3820)
橙(900)
緑(905)
濃緑(904)

〈フェルト〉
白(701)
　6cm角…4枚《花弁》
　5cm角…1枚《つぼみ花弁》
黄(334) 3×5cm…2枚《花芯大》
緑(444) 13×4cm…2枚《葉》

〈ワイヤー〉
#24(DG) 36cm…5本《花芯＋つぼみ＋葉》

〈ビーズ〉
丸大ビーズ(No51／白)…1個《つぼみ》
ウッドビーズ(R大／キジ)…1個《つぼみ》

### 作り方

＊型紙はP.75
＊フェルトの裁断はP.107参照

1　花弁を4枚作る。(P.17 Tech1参照)
2　花芯大を2枚作る。(P.17 Tech1参照)
3　ワイヤー付きの花芯を2本作る。(下図参照)
4　茎付きの花を2本作る。(下図参照)
5　つぼみ花弁を1枚作る。(P.17 Tech1参照)
6　茎付きのつぼみを1本作る。(P.27 Tech6応用,下図参照)
7　ワイヤー付きの葉を2本作る。(P.31 Tech15参照)
8　花とつぼみと葉を束ね、刺しゅう糸【濃緑[1]】を巻いて端を処理する。
　(P.25 Tech11参照)

### ワイヤー付きの花芯を作る

花芯大を外表に半分に折り、刺しゅう糸【黄[1]】で★の辺を巻きかがる。

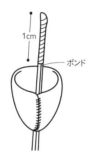

ワイヤー#24(DG)の中央に刺しゅう糸【橙[1]】を5mmほど巻いて半分に折り、さらに糸を1cm巻く。花芯大にワイヤーを通してボンドで貼る。

### 茎付きの花を作る

花弁2枚の中心に表から目打ちで穴をあけ、花芯のワイヤーを通す。花びらを少しずらしてボンドで貼る。ワイヤーに刺しゅう糸【濃緑[1]】を巻いて茎を作る。

上側の花弁を花芯に沿わせるようにして貼り、手のひらで形を整え、立体的に貼る。

### 茎付きのつぼみを作る

丸大ビーズをワイヤー#24(DG)に通して根元をねじる。
ウッドビーズ(R大)を通してボンドで貼る。

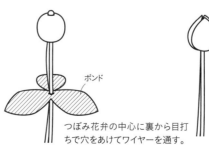

つぼみ花弁の中心に裏から目打ちで穴をあけてワイヤーを通す。

つぼみ花弁にボンドを塗ってウッドビーズに貼る。ワイヤーに刺しゅう糸【濃緑[1]】を巻いて茎を作る。

# 13. シュウメイギク

作品ページ：P.28
出来上がりサイズ：横7×縦17cm

## 材料

〈25番刺しゅう糸〉
淡桃 (225)
桃 (3727)
濃桃 (316)
黄 (728)
黄緑 (3347)
淡緑 (3814)
緑 (991)
濃緑 (500)

〈ワイヤー〉
#24（白）36cm…1本《花弁》
#24（DG）36cm…1本《花》
#26（DG）36cm…7本《つぼみ小＋つぼみ大＋葉》

〈ビーズ〉
ウッドビーズ（R小／キジ）…5個《つぼみ小＋つぼみ大》
丸小ビーズ（No2105／桃）…5個《つぼみ小＋つぼみ大》

〈その他〉
ボンテン（紫）直径8mm…1個《花芯》

〈フェルト〉
桃 (110)
　8cm角…1枚《花弁》
　4cm角…2枚《つぼみ大》
緑 (440)
　3cm角…1枚《ガク》
　6×7cm…2枚《葉》

## 作り方

*型紙はP.78
*フェルトの裁断はP.107参照

1. ワイヤー入りの花弁を1枚作る。（P.23 Tech5参照）
2. 花芯を1個作る。（P.29 Tech12,P.30 Tech13,下図参照）
3. ガクとワイヤー付きの花を1本作る。（P.30 Tech14,下図参照）
4. ワイヤー付きのつぼみ小を3本作る。（P.23 Tech6,P.24 Tech7,下図参照）
5. つぼみ大を作り、ワイヤー付きのつぼみ大を2本作る。（P.17 Tech1,P.24 Tech7,下図参照）
6. ワイヤー付きの葉を2本作る。（P.31 Tech15参照）
7. 花と葉とつぼみ大・小のワイヤーに刺しゅう糸【黄緑[1]】を巻いて茎を作る。（P.25 Tech10参照）
8. 花と葉とつぼみ大・小を束ね、刺しゅう糸【黄緑[1]】を巻いて端を処理する。（P.25 Tech11参照）

### 花芯を作る

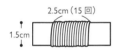
幅1.5cmの糸巻き台紙に刺しゅう糸【黄[6]】を幅が2.5cmになるように15回巻く。

P.30 Tech13を参照して1cm幅に切りそろえ、輪にして端同士を貼る。

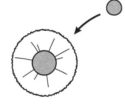
くしで毛先を整えて中心にボンテンを貼る。

### ワイヤー付きのつぼみ小を作る

ウッドビーズ(R小)に刺しゅう糸【濃桃[1]】を巻く。

ワイヤー#26(DG)に丸小ビーズ(桃)を通して根元をねじる。
ワイヤーをウッドビーズに通し、丸小ビーズの根元にボンドを塗って貼る。

### ガクとワイヤー付きの花を作る

花芯の裏にボンドを塗って花弁の中央に貼る。花びらを曲げて表情をつける。
ガクの中心に目打ちで穴をあけ、中央に直径3mmの輪を作ったワイヤー#24(DG)を通す。

ガクにボンドを塗って花の裏に貼る。

### ワイヤー付きのつぼみ大を作る

ワイヤー#26(DG)に丸小ビーズ(桃)を通して根元をねじる。ウッドビーズにワイヤーを通してボンドで貼る。
つぼみ大の中心に裏から目打ちで穴をあけ、ワイヤーを通してボンドを塗る。

ウッドビーズに貼り、つぼみ大の完成。

# 実物大型紙

*型紙の見方はP.3参照
*[ ]内は糸の本数
*型紙内の線は刺す針目の方向

## 13. シュウメイギク

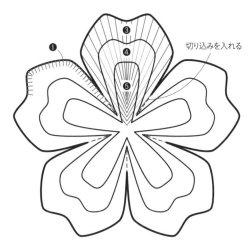

切り込みを入れる

**フェルト:花弁・1枚・桃**
1. 淡桃　ブランケットS[2]
2. ワイヤー #24(白)
3. 淡桃　サテンS[3]
4. 桃　サテンS[2]
5. 濃桃　サテンS[2]

**フェルト:葉・2枚・緑**
1. 淡緑　ブランケットS[2]
2. ワイヤー #24(DG)
3. 淡緑　サテンS[3]
4. 緑　サテンS[2]
5. 濃緑　ストレートS[2]

**フェルト:つぼみ大・2枚・桃**
1. 桃　ブランケットS[2]
2. 桃　サテンS[2]
3. 濃桃　ストレートS[1]

**フェルト:ガク・1枚・緑**

## 14. デイジー

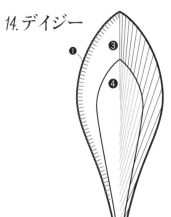

**フェルト:葉・3枚・緑**
1. 緑　ブランケットS[2]
2. ワイヤー #26(DG)
3. 緑　サテンS[3]
4. 濃緑　サテンS[2]

**フェルト:ガク・5枚・緑**

## 15. タンポポ

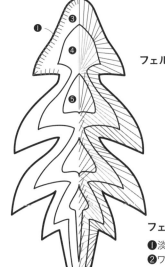

**フェルト:葉・2枚・緑**
1. 淡緑　ブランケットS[2]
2. ワイヤー #24(DG)
3. 淡緑　サテンS[3]
4. 緑　サテンS[2]
5. 濃緑　ストレートS[2]

**フェルト:ガク中・1枚・緑**

**フェルト:ガク大・1枚・緑**

## 14. デイジー

作品ページ：P.28
出来上がりサイズ：横7×縦11cm

**材料**

〈25番刺しゅう糸〉
黄(3821)
桃(899)
緑(907)
濃緑(703)

〈フェルト〉
緑(450)
　3cm角 … 5枚《ガク》
　8×4cm … 3枚《葉》

〈ワイヤー〉
　#26(DG) 36cm … 8本《花＋葉》

**作り方**

＊型紙は P.78
＊フェルトの裁断は P.107参照

1. 花を5個作る。
   （P.29 Tech12, P.30 Tech13, P.31 Tech16 参照）
2. ガクとワイヤー付きの花を5本作る。（P.30 Tech14 参照）
3. ワイヤー付きの葉を3本作る。（P.31 Tech15 参照）
4. 花と葉のワイヤーに刺しゅう糸【濃緑[1]】を巻いて茎を作る。
   （P.25 Tech10 参照）
5. 花と葉を束ね、刺しゅう糸【濃緑[1]】を巻いて端を処理する。（P.25 Tech11 参照）

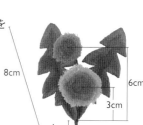

## 15. タンポポ

作品ページ：P.10, 28
出来上がりサイズ：横6×縦9cm

**材料**

〈25番刺しゅう糸〉
淡黄(3822)
黄(3820)
濃黄(3852)
淡緑(905)
緑(904)
濃緑(3345)

〈フェルト〉
緑(444)
　10×6cm … 2枚《葉》
　3cm角 … 2枚《ガク》

〈ワイヤー〉
　#24(DG) 36cm … 4本《花＋葉》

**作り方**

＊型紙は P.78
＊フェルトの裁断は P.107参照

1. 花弁小、花弁中を各2枚、花弁大を1枚作り、花大と花中を各1個作る。
   （P.29 Tech12, P.30 Tech13, P.31 Tech16, 下図参照）
2. ガクとワイヤー付きの花中、花大を各1本作る。（P.30 Tech14, 下図参照）
3. ワイヤー付きの葉を2本作る。（P.31 Tech15 参照）
4. 花と葉のワイヤーに刺しゅう糸【濃緑[1]】を巻いて茎を作る。（P.25 Tech10 参照）
5. 花と葉を束ね、刺しゅう糸【濃緑[1]】を巻いて端を処理する。
   （P.25 Tech11, 下図参照）

### 花を作る

**花弁小**
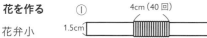
幅1.5cmの糸巻き台紙を用意。刺しゅう糸【濃黄[6]】を幅が4cmになるように40回巻き、幅1.4cmに切りそろえる。

花弁小を巻く。

**花弁中**

刺しゅう糸【黄[6]】を幅が7cmになるように60回巻き、幅1.4cmに切りそろえる。

①＋②　花弁小に花弁中を巻く。

花中の完成。

**花弁大**

刺しゅう糸【淡黄[6]】を幅が9cmになるように80回巻き、幅1.4cmに切りそろえる。

①＋②＋③　さらに花弁大を巻く。

花大の完成。

### ガクとワイヤー付きの花を作る

ガクの中央に目打ちで穴をあけ、中央に直径3mmの輪を作ったワイヤー#24(DG)を通してボンドで貼る。

花大　花中
ガク大・中にボンドを塗って花大・中の裏に貼る。

### 花と葉を束ねる

茎付きの花中と花大と葉を束ねてワイヤーに刺しゅう糸【濃緑[1]】を巻く。

## 17. 芍薬

作品ページ：P.32
出来上がりサイズ：横9×縦9cm

### 材料

〈25番刺しゅう糸〉
朱（321）
淡赤（304）
赤（816）
濃赤（814）
緑（934）

〈フェルト〉
濃赤（120）4cm角…8枚《花弁小》
赤（113）
　　5×6cm…5枚《花弁中》
　　6×7cm…6枚《花弁大》

〈ワイヤー〉
#26（DG）36cm…10本《花弁小+花弁中》
#30（白）36cm…1本《花芯》

〈その他〉
ペップ（素玉中）…適量《花芯》
アクリル絵の具（イエロー）…適量《花芯》

### 作り方
＊フェルトの裁断はP.107参照

1. ペップを着色し、束ねて花芯を1本作る。(P.49 Tech23,下図参照)
2. ワイヤー付きの花弁小を5枚、花弁中を5枚作る。
   (P.31 Tech15,下図参照)
3. ワイヤー無しの花弁小を3枚、花弁大を6枚作る。
   (P.17 Tech1,下図参照)
4. 花芯に花弁を沿わせ、ワイヤーに刺しゅう糸【濃緑[1]】を巻いて茎を作り(P.25 Tech10参照)、端を処理する。
   (P.34Tech17,下図参照)

### 花芯を作る

着色したペップをワイヤーで束ねる。

### 花弁を作る

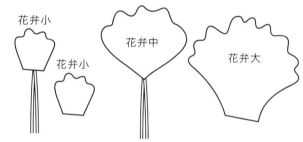

花弁小は5枚をワイヤー付きに、3枚をワイヤー無しで作る。
花弁中は5枚全てワイヤー付き。
花弁大は6枚全てワイヤー無し。

### 茎付きの花を作る

  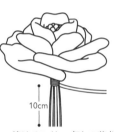

ワイヤー無しの花弁小の底辺にボンドを塗り花芯に巻いて待ち針で固定する。

残りのワイヤー無しの花弁小2枚を続けて貼る。

続けてワイヤー無しの花弁小、花弁中各5枚を順に沿わせる。ワイヤーにボンドを少しずつ薄く塗って刺しゅう糸【緑[1]】を5〜6回巻くことを繰り返す。

花弁大の根元にボンドを塗り、花弁中に貼って待ち針で固定する。ワイヤーに刺しゅう糸【緑[1]】を巻き、茎を作りまとめる。

### 実物大型紙
＊型紙の見方はP.3 参照
＊[ ]内は糸の本数
＊型紙内の線は刺す針目の方向

**フェルト：花弁小・8枚・濃赤**
❶ 赤　ブランケットS[2]
❷ ワイヤー#26(DG)
❸ 赤　サテンS[3]
❹ 濃赤　サテンS[2]

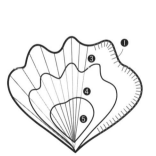

**フェルト：花弁中・5枚・赤**
❶ 淡赤　ブランケットS[2]
❷ ワイヤー#26(DG)
❸ 赤　サテンS[3]
❹ 淡赤　サテンS[2]
❺ 濃赤　サテンS[2]

**フェルト：花弁大・6枚・赤**
❶ 朱　ブランケットS[2]
❷ 朱　サテンS[3]
❸ 淡赤　サテンS[2]
❹ 赤　サテンS[2]
❺ 濃赤　サテンS[2]

# 20. クロッカス

作品ページ：P.32
出来上がりサイズ：横4×縦10cm

**材料**

〈25番刺しゅう糸〉
淡黄 (3821)
黄 (3820)
濃黄 (3852)
緑 (3011)

〈フェルト〉
黄 (332) 7×4cm…6枚《花弁大+花弁小》

〈ワイヤー〉
#30 (白) 36cm…3本《花芯》
#26 (DG) 36cm…6本《花弁大+花弁小》
#24 (DG)
　36cm…3本《葉》
　18cm…3本《葉の間》

〈ビーズ〉
丸小ビーズ (No10／橙)…45個《花芯》

**作り方**

＊フェルトの裁断はP.107参照

1 花芯を1本作る。(P.63 Tech33,下図参照)
2 ワイヤー付きの花弁小を3本、花弁大を3本作る。(P.31 Tech15参照)
3 茎付きの花を作る。
　(P.34 Tech17,下図参照)
4 葉を作る。(P.63 Tech34,下図参照)
5 花と葉を束ね、刺しゅう糸【緑[1]】を巻いて端を処理する。(P.25 Tech11参照)

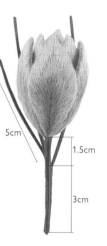

## 花芯を作る

丸小ビーズ1個をワイヤー#30(白)に通して根元を2〜3回ねじる。丸小ビーズ14個をワイヤーに通す。

3本作り、束ねて根元に刺しゅう糸【緑[1]】を2〜3回巻く。

## 茎付きの花を作る

花芯に花弁小3枚を沿わせ、ワイヤーを束ねて根元にボンドを少しずつ薄く塗りながら刺しゅう糸【緑[1]】を巻く。

花弁小とずらして花弁大3枚を沿わせ、ワイヤーを束ねて根元にボンドを少しずつ薄く塗りながら刺しゅう糸【緑[1]】を巻いて茎を作る。

## 葉を作る

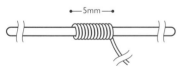

ワイヤー#24(DG)36cmの中央に刺しゅう糸【緑[1]】を5mm巻く。

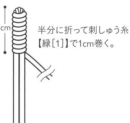

半分に折って刺しゅう糸【緑[1]】で1cm巻く。

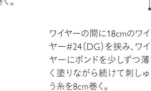

ワイヤーの間に18cmのワイヤー#24(DG)を挟み、ワイヤーにボンドを少しずつ薄く塗りながら続けて刺しゅう糸を8cm巻く。

 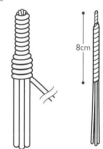

### 実物大型紙

＊型紙の見方はP.3参照
＊[ ]内は糸の本数
＊型紙内の線は刺す針目の方向

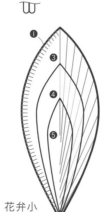
花弁小

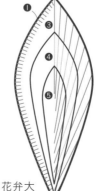
花弁大

**フェルト：花弁小と花弁大・各3枚・黄**

❶ 淡黄　ブランケットS [2]
❷ ワイヤー #26 (DG)
❸ 淡黄　サテンS [3]
❹ 黄　サテンS [2]
❺ 濃黄　サテンS [2]

# 21.カメリア

作品ページ：P.13,32
出来上がりサイズ：横9×縦13cm

## 材料

〈25番刺しゅう糸〉
淡桃 (3688)
桃 (3687)
濃桃 (3803)
赤 (3685)
淡緑 (3818)
緑 (890)
濃緑 (500)

〈フェルト〉
赤 (120) 5cm角…2枚《花弁a》
桃 (126) 5cm角…4枚《花弁b》
淡桃 (102) 5cm角…6枚《花弁c》
緑 (446) 10×6cm…2枚《葉》

〈ワイヤー〉
#24
　（DG）36cm…2本《葉》
　（白）36cm…12本《花弁a〜c》
#28（白）36cm…1本《花芯》

〈その他〉
ペップ（素玉中）適量《花芯》
アクリル絵の具（イエロー）適量《花芯》

## 作り方

*フェルトの裁断はP.107参照

1. ペップを着色し、束ねて花芯を1本作る。(P.49 Tech23参照)
2. ワイヤー付きの花弁aを2枚、花弁bを4枚、花弁cを6枚作る。(P.31 Tech15,下図参照)
3. 茎付きの花を1本作る。(P.34 Tech17,下図参照)
4. ワイヤー付きの葉を2本作る。(P.31 Tech15参照)
5. 花と葉を束ね、刺しゅう糸【濃緑[1]】を巻いて茎を作り(P.25 Tech10参照)、端を処理する。(P.25 Tech11参照)

### 花芯を作る

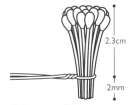

着色したペップをワイヤーで束ね、ボンドを塗り花芯を作る。

### ワイヤー付きの花弁を作る

花弁 a×2枚　　花弁 b×4枚　　花弁 c×6枚

### 茎付きの花を作る

ペップを包むように花弁aの2枚を沿わせて貼り、待ち針で固定し乾燥させる。

花弁bの4枚を沿わせて貼り、待ち針で固定し乾燥させる。

花弁cの6枚を沿わせて貼り、待ち針で固定し乾燥させる。ワイヤーに刺しゅう糸【濃緑[1]】を巻き茎を作る。

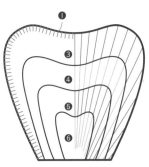

フェルト：花弁a・2枚・赤
① 濃桃　ブランケットS[2]
② ワイヤー#24（白）
③ 濃桃　サテンS[3]
④ 赤　サテンS[2]
⑤ 赤　サテンS[2]
⑥ 赤　サテン[2]

フェルト：花弁b・4枚・桃
① 桃　ブランケットS[2]
② ワイヤー#24（白）
③ 桃　サテンS[3]
④ 濃桃　サテンS[2]
⑤ 赤　サテンS[2]
⑥ 赤　サテンS[2]

フェルト：花弁c・6枚・淡桃
① 淡桃　ブランケットS[2]
② ワイヤー#24（白）
③ 淡桃　サテンS[3]
④ 桃　サテンS[2]
⑤ 赤　サテンS[2]
⑥ 赤　サテンS[2]

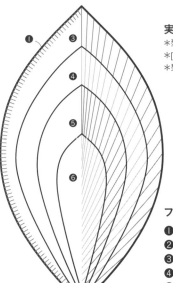

### 実物大型紙

*型紙の見方はP.3参照
*[ ]内は糸の本数
*型紙内の線は刺す針目の方向

フェルト：葉・2枚・緑
① 淡緑　ブランケットS[2]
② ワイヤー#24（DG）
③ 淡緑　サテンS[3]
④ 緑　サテンS[2]
⑤ 濃緑　サテンS[2]
⑥ 濃緑　リテンS[2]

# 22. ジニア

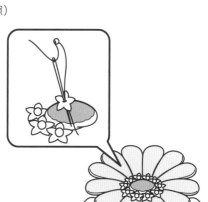

作品ページ：P.36
出来上がりサイズ：横7×縦7cm

### 材料

〈25番刺しゅう糸〉
淡桃（353）
桃（352）
濃桃（351）
赤（777）

〈フェルト〉
桃（301）10cm角…2枚《花弁》
赤（120）4cm角…1枚《花芯》

〈ビーズ〉
丸小ビーズ
　（No5D／赤）…適量《花芯》
　（No148F／黄）…8個《花小》
ポップビーズ（PB-718）…8個《花小》

〈その他〉
木綿糸…適量《花芯》

### 作り方
*フェルトの裁断はP.107参照

1 花弁を2枚作る。(P.17 Tech1参照)
2 花芯を1個作る。(P.39 Tech19,下図参照)
3 花を作る。(下図参照)

**花芯を作る**

花芯に丸小ビーズ（赤）を刺しゅう糸【赤[2]】で縫いとめる。手芸用わたは入れずに周囲を木綿糸で1周ぐし縫いして糸を引きしめ、玉どめをする。

**花を作る**

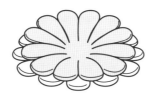

ボンドは塗らずに、花弁2枚を少しずらして重ねる。

花弁の裏にボンドを塗って2枚に重ねた花弁の中心に貼り、中心を細工棒やペンなどで押さえる。花弁を重ねた上に花芯を貼ることで立体的になる。

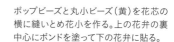

ポップビーズと丸小ビーズ（黄）を花芯の横に縫いとめ花小を作る。上の花弁の裏中心にボンドを塗って下の花弁に貼る。

### 実物大型紙
*型紙の見方はP.3参照
*[ ]内は糸の本数
*型紙内の線は刺す針目の方向

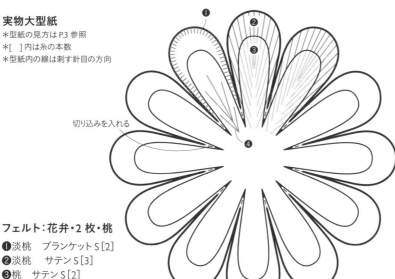

切り込みを入れる

**フェルト：花弁・2枚・桃**
❶ 淡桃　ブランケットS [2]
❷ 淡桃　サテンS [3]
❸ 桃　サテンS [2]
❹ 濃桃　ストレートS [1]

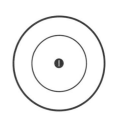

**フェルト：花芯・1枚・赤**
❶ 丸小ビーズ（赤）
刺しゅう糸【赤[2]】で縫いとめる

83

# 23. ガーベラ

作品ページ：P.36
出来上がりサイズ：横8×縦8cm

### 材料

〈25番刺しゅう糸〉
淡茶 (976)
茶 (3826)
濃茶 (975)
赤茶 (921)
黄土色 (420)
こげ茶 (938)

〈フェルト〉
茶 (229) 4cm角…1枚《花芯》
橙 (370) 10cm角…2枚《花弁大》
濃橙 (144) 7cm角…1枚《花弁小》

〈その他〉
手芸用わた…適量《花芯》
木綿糸…適量《花芯》

### 作り方

＊フェルトの裁断はP.107参照

1. 花芯を1個作る。(P.39 Tech19,下図参照)
2. 花弁大を2枚、花弁小を1枚作る。(P.17 Tech1参照)
3. 花を作る。(下図参照)

### 花芯を作る

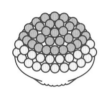

花芯をフレンチノットステッチで刺し埋め、周囲を木綿糸で1周ぐし縫いして手芸用わたを詰めて糸を引きしめ、玉どめをする。

### 花を作る

花弁大の裏にボンドを塗り、もう1枚の花弁大と花びらをずらして貼り重ねる。ある程度固定されるまで中心を細工棒やペンなどで押さえて乾燥させる。

花弁小の裏にボンドを塗り、花弁大の上に花びらをずらして重ねて貼る。中心はある程度固定されるまで細工棒やペンなどで押さえて乾燥させる。花芯の裏にボンドを塗り、花弁小の中心に貼る。

### 実物大型紙

＊型紙の見方はP.3参照
＊[ ]内は糸の本数
＊型紙内の線は刺す針目の方向

フェルト：花弁小・1枚・濃橙
❶赤茶　ブランケットS[2]
❷赤茶　サテンS[2]
❸濃茶　ストレートS[1]

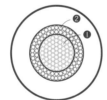

フェルト：花芯・1枚・茶
❶こげ茶　3回巻きのフレンチノットS[2]
❷黄土色　2回巻きのフレンチノットS[2]

フェルト：花弁大・2枚・橙
❶淡茶　ブランケットS[2]
❷淡茶　サテンS[3]
❸茶　サテンS[2]
❹濃茶　ストレートS[1]

# 24. サイネリア

作品ページ：P.36
出来上がりサイズ：横5×縦5cm（花のみ）、横6×縦6cm（葉のみ）

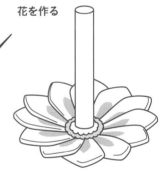

A色（青）
B色（ピンク）

## 材料

**A色**
〈25番刺しゅう糸〉
淡青（312）
青（803）
濃青（336）
〈フェルト〉
青（557）9cm角…1枚《花弁》
黄（383）4cm角…1枚《花芯》
〈ビーズ〉
丸小ビーズ
　（No148F／黄）…適量《花芯》
　（No2109／クリーム）…適量《花芯》
〈その他〉
木綿糸…適量《花芯》

**B色**
〈25番刺しゅう糸〉
淡桃（962）
桃（961）
濃桃（3832）
〈フェルト〉
桃（105）9cm角…1枚《花弁》
緑（443）4cm角…1枚《花芯》
〈ビーズ〉
丸小ビーズ
　（44F／緑）…適量《花芯》
　（No24／黄緑）…適量《花芯》
〈その他〉
木綿糸…適量《花芯》

**葉（共通）**
〈25番刺しゅう糸〉
黄緑（937）
淡緑（936）
緑（935）
濃緑（934）
〈フェルト〉
緑（444）8cm角…1枚《葉》

## 作り方

＊フェルトの裁断はP.107参照

1　花弁を1枚作る。
　（P.17 Tech1参照）
2　花芯を1個作る。
　（P.39 Tech19、下図参照）
3　葉を1枚作る。
　（P.17 Tech1参照）
4　花を作る。（下図参照）

※葉付きにしたい場合は、葉の上に花を貼る。

**実物大型紙**
＊型紙の見方はP.3 参照
＊〈　〉内はB色の作品、[　]内は糸の本数
＊型紙内の線は刺す針目の方向

**花芯を作る**

花芯に丸小ビーズ2種を木綿糸で縫いとめ、手芸用わたは入れずに周囲を1周ぐし縫いして糸を引きしめ、玉どめをする。

花芯の裏にボンドを塗る。

**花を作る**

花芯を花弁の中心に貼って、中心はある程度固定されるまで細工棒やペンなどで押さえて乾燥させる。

切り込みを入れる

**フェルト：花弁・1枚・青〈桃〉**
❶淡青〈淡桃〉　ブランケットS[2]
❷淡青〈淡桃〉　サテンS[3]
❸青〈桃〉　サテンS[2]
❹濃青〈濃桃〉　ストレートS[2]

**フェルト：葉・1枚・緑**
❶黄緑　ブランケットS[2]
❷黄緑　サテンS[3]
❸淡緑　サテンS[2]
❹緑　サテンS[2]
❺濃緑　サテンS[2]

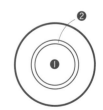

**フェルト：花芯・1枚・黄〈緑〉**
❶丸小ビーズ　クリーム〈黄緑〉
❷丸小ビーズ　黄〈緑〉

# 26. ブラックラズベリー

作品ページ：P.37
出来上がりサイズ：横5×縦9cm

## 材料

〈25番刺しゅう糸〉
黒 (310)
緑 (936)
濃緑 (935)

〈フェルト〉
濃紺 (558) 5cm角…2枚《実》
緑 (444)
　6×5cm…3枚《葉》
　3cm角…2枚《ヘタ》

〈ワイヤー〉
#21 (DG) 18cm…2本《ヘタ》
#24 (DG) 36cm…3本《葉》

〈ビーズ〉
丸大ビーズ (No49／黒)…適量《実》

〈その他〉
手芸用わた…適量《実》
木綿糸…適量《実》

## 作り方

*フェルトの裁断はP.107参照

1. ビーズを縫いとめた実を2個作る。(P.39 Tech19, 下図参照)
2. ヘタと茎付きの実を2本作る。(下図参照)
3. 茎付きの実を束ねる。(P.25 Tech11, 下図参照)
4. ワイヤー付きの葉を3本作る。(P.31 Tech15参照)
5. 葉のワイヤーに刺しゅう糸【濃緑[1]】を巻いて茎を作る。（P.25 Tech10参照）
6. 茎付きの葉を束ねる。(下図参照)
7. 実と葉を束ね、刺しゅう糸【濃緑[1]】を巻いて端を処理する。(P.25 Tech11, 下図参照)

### 実を作る

実に丸大ビーズを刺しゅう糸【黒[2]】で縫いとめる。周囲を木綿糸で1周ぐし縫いして手芸用わたを詰めて糸を引きしめ、玉どめをする。

### ヘタと茎付きの実を作る

ヘタの中心に目打ちで穴をあけ、先を直径3mmの輪にしたワイヤー#21(DG)を通す。ワイヤーの輪にボンドを塗ってヘタに貼る。

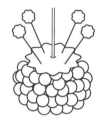

実をヘタに貼って待ち針で固定して乾燥させる。ヘタのワイヤーにボンドを少しずつ薄く塗りながら刺しゅう糸【濃緑[1]】を巻き茎を作る。

### 茎付きの実を束ねる

実を束ねてワイヤーに刺しゅう糸【濃緑[1]】を巻いて茎を作る。

### 茎付きの葉を束ねる

茎付きの葉を束ねてワイヤーに刺しゅう糸【濃緑[1]】を巻く。

### 実と葉を束ねる

実と葉を束ねてワイヤーに刺しゅう糸【濃緑[1]】を巻く。

### 実物大型紙

*型紙の見方はP.3参照
*[ ]内は糸の本数
*型紙内の線は刺す針目の方向

フェルト：ヘタ・2枚・緑

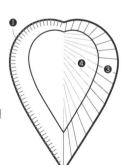

フェルト：葉・3枚・緑
❶ 緑　ブランケットS[2]
❷ ワイヤー#24(DG)
❸ 緑　サテンS[3]
❹ 濃緑　サテンS[2]

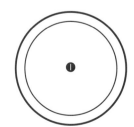

フェルト：実・2枚・濃紺
❶ 丸大ビーズ(黒)
刺しゅう糸【黒[2]】で縫いとめる

# 28.イチゴ

作品ページ：P.37
出来上がりサイズ：横2×縦2.5cm（実）

## 材料（実）

〈25番刺しゅう糸〉
淡赤（321）
赤（498）
濃赤（815）
黄（3852）
淡緑（988）
緑（987）
濃緑（500）

〈フェルト〉
赤（118）5×7cm…2枚《実》
緑（450）4cm角…2枚《ヘタ》

〈ワイヤー〉
#24（DG）18cm…2本《ヘタ》

〈その他〉
手芸用わた…適量《実》
木綿糸…適量《実》

## 作り方

＊フェルトの裁断はP.107参照

1 ワイルドストロベリーと同様に、茎付きの葉を1本と花を3本作る。（P.61参照）
2 実とヘタを各2枚作る。（P.17 Tech1参照）
3 実を2個作る。（下図参照）
4 ヘタと茎付きの実を2本作る。（下図参照）
5 花と葉と実を束ね、刺しゅう糸【濃緑[1]】を巻いてまとめる。（P.25 Tech11,下図参照）

### 実を作る

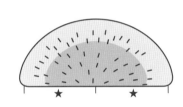
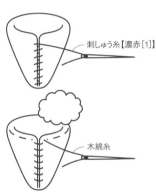

型紙を参照して実の★の辺を突き合わせて外表に半分に折り、刺しゅう糸【濃赤[1]】で巻きかがる。

上辺の周囲を木綿糸で1周ぐし縫いして手芸用わたを詰め、糸を引きしめ、玉どめをする。

### ヘタと茎付きの実を作る

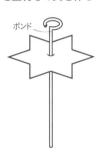
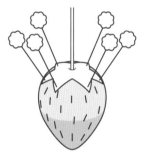

ヘタの中心に裏から目打ちで穴をあけ、先を直径3mmの輪にしたワイヤー#24（DG）を通す。ワイヤーの輪にボンドを塗ってヘタに貼る。

いちごをヘタに貼って待ち針で固定して乾燥させる。ヘタのワイヤーに少しずつ薄くボンドを塗りながら刺しゅう糸【濃緑[1]】を巻いて茎を作る。

### 実物大型紙

＊型紙の見方はP.3参照
＊[　]内は糸の本数
＊型紙内の線は刺す針目の方向

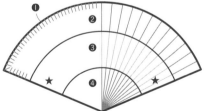
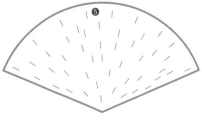

**フェルト：実・2枚・赤**
❶濃赤　ブランケットS[2]
❷淡赤　サテンS[3]
❸赤　サテンS[2]
❹濃赤　サテンS[2]
❺黄　レイジーデイジーS[1]

**フェルト：ヘタ・2枚・緑**
❶淡緑　ブランケットS[2]
❷淡緑　サテンS[2]
❸緑　ストレートS[1]

# 30. ブルーデイジー
# 31. ピンクマーガレット

作品ページ：P.40
出来上がりサイズ：横6×縦9cm（ブルーデイジー）、横8×縦14cm（ピンクマーガレット）

作り方

＊型紙はP.89
＊フェルトの裁断はP.107参照

**1** 花弁をA色は3枚、B色は1枚作る。（P.17 Tech1参照）

**2** 花芯をA色は3本、B色は1本作る。
（P.42 Tech20, P.43 Tech21, 下図参照）

**3** ワイヤー付きの葉をA色はa・b・c各1本、B色はa・b各1本作る。（P.31 Tech15参照）

**4** ワイヤー付きの花をA色は3本、B色は1本作る。（下図参照）

**5** 花と葉のワイヤーに刺しゅう糸【濃緑[1]】を巻いて茎を作る。（P.25 Tech10参照）

**6** 花と葉を束ね、刺しゅう糸【濃緑[1]】を巻いて端を処理する。（P.25 Tech11, 下図参照）

## 材料

**A色**
〈25番刺しゅう糸〉
桃（3609）
濃桃（3608）
緑（470）
濃緑（937）
〈フェルト〉
桃（102）6cm角…3枚《花弁》
緑（450）7×5cm…3枚《葉》
〈ワイヤー〉
#21（DG）18cm…3本《花芯》
#26（DG）36cm…3本《葉》
〈その他〉
樹脂粘土（白）…適量《花芯》
油絵の具（パーマネントイエローライト、バーントシェンナ）…適量《花芯》
水性アクリルニス（厚塗りツヤ出し）…適量《花芯》

**B色**
〈25番刺しゅう糸〉
青（518）
濃青（517）
緑（166）
濃緑（581）
〈フェルト〉
青（553）6cm角…1枚《花弁》
緑（450）7×5cm…2枚《葉》
〈ワイヤー〉
#21（DG）18cm…1本《花芯》
#26（DG）36cm…2本《葉》
〈その他〉
樹脂粘土（白）…適量《花芯》
油絵の具（パーマネントイエローライト、バーントシェンナ）…適量《花芯》
水性アクリルニス（厚塗りツヤ出し）…適量《花芯》

### 花芯を作る

樹脂粘土を着色して花芯を作る。

### ワイヤー付きの花を作る

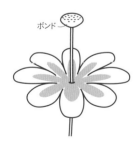

花弁の中心に表から目打ちで穴をあけ、花芯のワイヤーを通す。花芯の裏にボンドを塗って花弁に貼る。

花びらを手のひらで包み、立体的に形づくる。

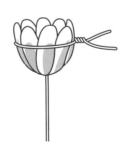

花にワイヤーを軽く巻いて固定して乾燥させる。

### 花と葉を束ねる

花と葉を束ねてワイヤーに刺しゅう糸【濃緑[1]】を巻く。

# 実物大型紙

＊型紙の見方は P.3 参照
＊〈 〉内はB色の作品、[ ]内は糸の本数
＊型紙内の線は刺す針目の方向

## 30.ブルーデイジー・31.ピンクマーガレット

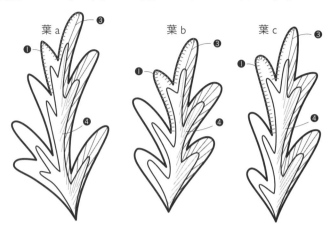

粘土
花芯の大きさの目安

フェルト：花弁・3枚〈1枚〉・桃〈青〉
❶桃〈青〉　ブランケットS[2]
❷桃〈青〉　サテンS[2]
❸濃桃〈濃青〉　ストレートS[1]

フェルト：葉aと葉bと葉c・各1枚〈ab各1枚〉・緑〈緑〉
❶緑〈緑〉　ブランケットS[2]
❷ワイヤー #26（DG）
❸緑〈緑〉　サテンS[2]
❹濃緑〈濃緑〉　サテンS[2]

## 34.ブルーベリー

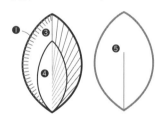

フェルト：葉・8枚・緑
❶緑　ブランケットS[2]
❷ワイヤー #26（DG）
❸緑　サテンS[3]
❹濃緑　サテンS[2]
❺淡緑　ストレートS[1]

実の大きさの目安

## 36.ヤドリギ

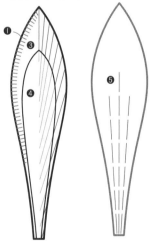

粘土
実の大きさの目安

フェルト：葉・6枚・緑
❶緑　ブランケットS[2]
❷ワイヤー #26（DG）
❸緑　サテンS[3]
❹濃緑　サテンS[2]
❺淡緑　スプリットS[1]

89

# 34.ブルーベリー

作品ページ：P.41
出来上がりサイズ：横8×縦11cm

## 材料

〈25番刺しゅう糸〉
淡緑 (702)
緑 (910)
濃緑 (909)
茶 (938)

〈フェルト〉
緑 (440) 4×3cm…8枚《葉》

〈ワイヤー〉
#21 (DG) 18cm…10本《実》
#26 (DG) 36cm…8本《葉》

〈その他〉
樹脂粘土 (白)…適量《実》
油絵の具 (ペルシャンブルー、ランプブラック)…適量《実》
水性アクリルニス (厚塗りツヤ出し)…適量《実》

## 作り方

＊型紙はP.89
＊フェルトの裁断はP.107参照

1 ワイヤー付きの葉を8本作る。(P.31 Tech15参照)
2 ワイヤー付きの実を10本作る。(P.42 Tech20, P.43 Tech21参照)
3 葉と実のワイヤーに刺しゅう糸【淡緑[1]】を巻いて茎を作る。(P.25 Tech10参照)
4 葉と実を束ね、刺しゅう糸【茶[1]】を巻いて端を処理する。(P.25 Tech11, 下図参照)

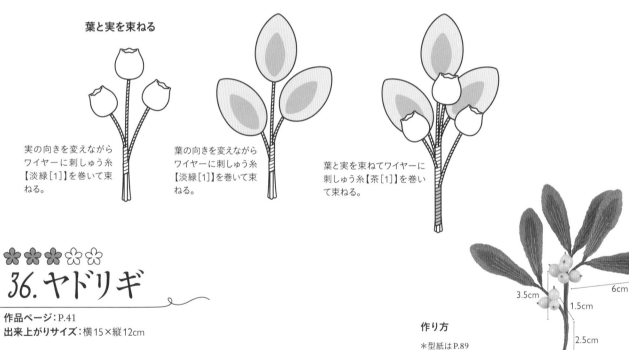

**葉と実を束ねる**

実の向きを変えながらワイヤーに刺しゅう糸【淡緑[1]】を巻いて束ねる。

葉の向きを変えながらワイヤーに刺しゅう糸【淡緑[1]】を巻いて束ねる。

葉と実を束ねてワイヤーに刺しゅう糸【茶[1]】を巻いて束ねる。

# 36.ヤドリギ

作品ページ：P.41
出来上がりサイズ：横15×縦12cm

## 材料

〈25番刺しゅう糸〉
淡緑 (3013)
緑 (3012)
濃緑 (3011)

〈フェルト〉
緑 (442) 8×3cm…6枚《葉》

〈ワイヤー〉
#24 (DG) 18cm…8本《実》
#26 (DG) 36cm…6本《葉》

〈その他〉
樹脂粘土 (白)…適量《実》
アクリル絵の具 (ミドルグリーン・イエローオーカー)…適量《実》
水性アクリルニス (厚塗りツヤ出し)…適量《実》

## 作り方

＊型紙はP.89
＊フェルトの裁断はP.107参照

1 ワイヤー付きの葉を6本作る。(P.31 Tech15参照)
2 ワイヤー付きの実を8本作る。(P.42 Tech20, P.43 Tech21参照)
3 葉と実のワイヤーに刺しゅう糸【濃緑[1]】を巻いて茎を作る。(P.25 Tech10参照)
4 葉と実を束ね、刺しゅう糸【濃緑[1]】を巻いて端を処理する。(P.25 Tech11参照)

# 32. ワイルドローズ

作品ページ：P.40,50
出来上がりサイズ：横9×縦12cm

## 材料

〈25番刺しゅう糸〉
濃桃 (152)
桃 (224)
淡桃 (225)
黄緑 (166)
緑 (580)

〈フェルト〉
桃 (102) 6cm角…1枚《花弁》
緑 (450)
　4×3cm…11枚《葉》
　3cm角…1枚《ガク》

〈ワイヤー〉
#21 (DG) 18cm…5本《実》
#26 (DG) 36cm…1本《花芯》
#28 (DG) 36cm…11本《葉》

〈その他〉
ペップ (素玉中)…適量《花芯内側》
ペップ (バラ)…適量《花芯外側》
樹脂粘土 (白)…適量《実》
油絵の具 (クリムソンレーキ、パーマネントオレンジ、パーマネントイエローライト)…適量《実》
アクリル絵の具
　(バーントアンバー、ブラック)…適量《実の先端》
　(イエロー)…適量《花芯》
水性アクリルニス (厚塗りツヤ出し)…適量《実》

## 作り方
＊フェルトの裁断はP.107参照

1. 花弁を1枚作る。(P.17 Tech1参照)
2. ペップを着色し、束ねて2段構造の花芯を1本作る。(P.51 Tech25,下図参照)
3. ガクとワイヤー付きの花を1本作る。(下図参照)
4. ワイヤー付きの葉を11本作る。(P.31 Tech15参照)
5. ワイヤー付きの葉を3本束ね、刺しゅう糸【緑 [1]】を巻いて茎付きの3枚葉を2本作る。(P.25 Tech10・11,P.95参照)
6. ワイヤー付きの葉を5本束ね、刺しゅう糸【緑 [1]】を巻いて茎付きの5枚葉を1本作る。(P.25 Tech10・11,P.95参照)
7. ワイヤー付きの実を5本作る。(P.42 Tech20,P.43 Tech21参照)
8. 花と実のワイヤーに刺しゅう糸【緑 [1]】を巻いて茎を作る。(P.25 Tech10参照)
9. 花と葉と実を束ね、刺しゅう糸【緑 [1]】を巻いて端を処理する。(P.25 Tech11参照)

### 2段構造の花芯を作る

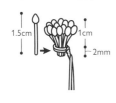

### ガクとワイヤー付きの花を作る

花弁の中心に表から目打ちで穴をあけ、花芯のワイヤーを通す。

花芯の根元にボンドを塗り、花弁を貼り、待ち針で固定して乾燥させる。

ガクの中心に目打ちで穴をあけ、花芯のワイヤーを通す。ボンドを塗って花弁の裏に貼る。

### 実物大型紙
＊型紙の見方はP.3 参照
＊[ ] 内は糸の本数
＊型紙内の線は刺す針目の方向

フェルト：ガク・1枚・緑

実の大きさの目安

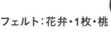

フェルト：花弁・1枚・桃
❶濃桃　ブランケットS [2]
❷濃桃　サテンS [3]
❸桃　サテンS [2]
❹淡桃　ストレートS [1]

フェルト：葉・11枚・緑
❶黄緑　ブランケットS [2]
❷ワイヤー#28 (DG)
❸黄緑　サテンS [3]
❹緑　ストレートS [1]

# 35. マーガレット

作品ページ：P.41
出来上がりサイズ：横7×縦17cm

### 材料

〈25番刺しゅう糸〉
生成り(ECRU)
ベージュ(822)
灰(644)
黄緑(471)
緑(470)

〈フェルト〉
白(701)8cm角…1枚《花弁》
緑(442)7×6cm…2枚《葉》

〈ワイヤー〉
#21(DG) 18cm…1本《花芯》
#24(DG) 36cm…2本《葉》

〈その他〉
樹脂粘土(白)…適量《花芯》
油絵の具(パーマネントイエローライト、バーントシェンナ)…適量《花芯》
水性アクリルニス(厚塗りツヤ出し)
…適量《花芯》

### 作り方

*フェルトの裁断はP.107参照

1. ワイヤー付きの葉を2本作る。
   (P.31 Tech15参照)
2. 花芯を1本作る。
   (P.42 Tech20、P.43 Tech21参照)
3. 花弁を1枚作る。(P.17 Tech1参照)
4. ワイヤー付きの花を1本作る。(下図参照)
5. 花と葉のワイヤーに刺しゅう糸【緑[1]】を巻いて茎を作る。
   (P.25 Tech10参照)
6. 花と葉を束ね、刺しゅう糸【緑[1]】を巻いて端を処理する。
   (P.25 Tech11、下図参照)

## ワイヤー付きの花を作る

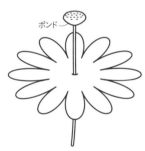
花弁の中心に表から目打ちで穴をあけ、花芯のワイヤーを通し、花芯の裏にボンドを塗る。

花弁の裏側から指先で花びらに表情をつけながら貼る。

## 花と葉を束ねる

花と葉を束ねてワイヤーに刺しゅう糸【緑[1]】を巻く。

## 実物大型紙

*型紙の見方はP.3参照
*[ ]内は糸の本数
*型紙内の線は刺す針目の方向

フェルト：花弁・1枚・白
❶生成り　ブランケットS[2]
❷生成り　サテンS[3]
❸ベージュ　サテンS[2]
❹灰　ストレートS[1]

フェルト：葉・2枚・緑
❶黄緑　ブランケットS[2]
❷ワイヤー#24(DG)
❸黄緑　サテンS[3]
❹緑　ストレートS[2]

粘土
花芯の大きさの目安

## 37. ルリタマアザミ

作品ページ：P.4, 44
出来上がりサイズ：横6×縦18cm

材料

〈25番刺しゅう糸〉
紫（333）
緑（3363）
濃緑（3362）

〈フェルト〉
緑（444）7×4cm…3枚《葉》

〈ワイヤー〉
#26（DG）36cm…6本《花+葉》

〈その他〉
木綿糸…適量《花弁》

作り方

＊型紙はP.94
＊フェルトの裁断はP.107参照

1 ワイヤー付きの葉を3本作る。（P.31 Tech15参照）
2 ワイヤー付きの花弁を3本作る。
　（P.45 Tech22, 下図参照）
3 花と葉のワイヤーに刺しゅう糸【濃緑[1]】を巻いて茎を作る。（P.25 Tech10参照）
4 花と葉を束ね、刺しゅう糸【濃緑[1]】を巻いて端を処理する。（P.25 Tech11, 下図参照）

**ワイヤー付きの花弁を作る**

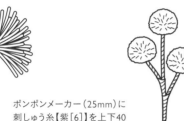

ポンポンメーカー（25mm）に刺しゅう糸【紫[6]】を上下40回ずつ（合計80回）巻いて花弁を作る。中央で半分に折ったワイヤー#26（DG）をかける。

**花と葉を束ねる**

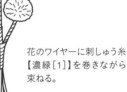

花のワイヤーに刺しゅう糸【濃緑[1]】を巻きながら束ねる。

花と葉を束ねてワイヤーに刺しゅう糸【濃緑[1]】を巻く。

## 39. フランネルフラワー

作品ページ：P.44
出来上がりサイズ：横8×縦15cm

材料

〈25番刺しゅう糸〉
淡クリーム（746）
黄緑（472）
緑（471）
濃緑（470）

〈フェルト〉
白（701）8cm角…2枚《花弁》
緑（450）9×6cm…2枚《葉》

〈ワイヤー〉
#24（DG）36cm…1本《花芯》
#26（DG）36cm…2本《葉》

〈その他〉
木綿糸…適量《花芯》

作り方

＊型紙はP.94
＊フェルトの裁断はP.107参照

1 ワイヤー付きの葉を2本作る。（P.31 Tech15参照）
2 ワイヤー付きの花芯を1本作る。（P.45 Tech22, 下図参照）
3 花弁を2枚作る。（P.17 Tech1参照）
4 ワイヤー付きの花を1本作る。（下図参照）
5 花と葉のワイヤーに刺しゅう糸【濃緑[1]】を巻いて茎を作る。（P.25 Tech10参照）
6 花と葉を束ね、刺しゅう糸【濃緑[1]】を巻いて端を処理する。（P.25 Tech11, 下図参照）

**ワイヤー付きの花芯を作る**

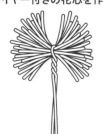

ポンポンメーカー（20mm）に刺しゅう糸【黄緑[6]】を上下30回ずつ（合計60回）巻いて花芯を作る。中央で半分に折ったワイヤー#24（DG）をかける。

**ワイヤー付きの花を作る**

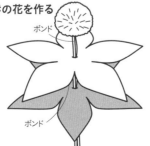

花弁の中心に表から目打ちで穴をあけ花芯のワイヤーを通す。花芯の裏にボンドを塗って花弁に貼る。

1枚めの花弁の裏にボンドを塗って、もう1枚の花弁をワイヤーに通して花びらをずらして貼る。

**花と葉を束ねる**

花と葉を束ねてワイヤーに刺しゅう糸【濃緑[1]】を巻く。

# 実物大型紙

*型紙の見方は P.3 参照
*〈 〉内は B 色の作品、[ ] 内は糸の本数
*型紙内の線は刺す針目の方向

## 39. フランネルフラワー

**フェルト：花弁・2枚・白**
- ❶ 淡クリーム　ブランケットS[2]
- ❷ 淡クリーム　サテンS[2]
- ❸ 淡クリーム　サテンS[2]
- ❹ 濃緑　ストレートS[1]
- ❺ 緑　ストレートS[1]

**フェルト：葉・2枚・緑**
- ❶ 緑　ブランケットS[2]
- ❷ ワイヤー#26(DG)
- ❸ 緑　サテンS[3]
- ❹ 濃緑　サテンS[2]

## 37. ルリタマアザミ

**フェルト：葉・3枚・緑**
- ❶ 緑　ブランケットS[2]
- ❷ ワイヤー#26(DG)
- ❸ 緑　サテンS[3]
- ❹ 濃緑　サテンS[2]

## 40. ハマナス

**フェルト：花弁・1枚・桃〈白〉**
- ❶ 淡桃〈生成り〉　ブランケットS[2]
- ❷ ワイヤー#24(白)
- ❸ 淡桃〈生成り〉　サテンS[3]
- ❹ 桃〈灰〉　サテンS[2]
- ❺ 濃桃〈濃灰〉　サテンS[2]

**フェルト：保護用・1枚・桃〈白〉**

**フェルト：葉・8枚・緑**
- ❶ 緑　ブランケットS[2]
- ❷ ワイヤー#24(DG)
- ❸ 緑　サテンS[3]
- ❹ 濃緑　サテンS[2]

# 40. ハマナス

**作品ページ:** P.44
**出来上がりサイズ:** 横6×縦6cm(花のみ)・横8×縦16cm(葉・茎付き)

A色(ピンク)
B色(白)

8cm
8cm

## 材料

### A色
〈25番刺しゅう糸〉
淡桃(602)
桃(601)
濃桃(600)
黄(783)

〈フェルト〉
桃(126)
　10cm角…1枚《花弁》
　3cm角…1枚《保護用》

〈ワイヤー〉
#24
　(DG)36cm…1本《花芯》
　(白)36cm…2本《花弁》

〈その他〉
木綿糸…適量《花芯》

### B色
〈25番刺しゅう糸〉
生成り(ECRU)
灰(822)
濃灰(644)
黄(726)

〈フェルト〉
白(701)
　10cm角…1枚《花弁》
　3cm角…1枚《保護用》

〈ワイヤー〉
#24
　(DG)36cm…1本《花芯》
　(白)36cm…2本《花弁》

〈その他〉
木綿糸…適量《花芯》

### 葉(共通)
〈25番刺しゅう糸〉
緑(909)
濃緑(3818)

〈フェルト〉
緑(440) 5×3cm…8枚《葉》

〈ワイヤー〉
#24(DG) 36cm…8本《葉》

## 作り方

*型紙はP.94
*フェルトの裁断はP.107参照

1. ワイヤー入りの花弁を1枚作る。(P.23 Tech5参照)
2. ワイヤー付きの花芯を1本作る。(P.45 Tech22,下図参照)
3. 花を1個作る。(P.49 Tech24,下図参照)
4. ワイヤー付きの葉を8本作る。(P.31 Tech15参照)
5. ワイヤー付きの葉を3本束ね、3枚葉を1本作る。(P.25 Tech10・11,下図参照)
6. ワイヤー付きの葉を5本束ね、5枚葉を1本作る。(P.25 Tech10・11,下図参照)
7. 3枚葉と5枚葉を束ね、刺しゅう糸【濃緑[1]】を巻いて茎付きの葉を1本作り(P.25 Tech10参照)、端を処理する。(P.25 Tech11,下図参照)
8. 茎付きの葉の上に花を貼る。

### 花芯を作る

ポンポンメーカー(35mm)に刺しゅう糸【黄[6]】を上下30回ずつ(合計60回)巻いて花芯を作る。中央で半分に折ったワイヤー#24(DG)をかける。

### 花を作る

ボンド

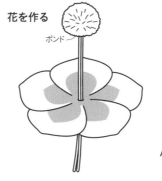

花弁の中心に表から目打ちで穴をあけ、花芯のワイヤーを通す。花芯の裏にボンドを塗って花弁を貼る。

指先で花びらに表情をつけながら貼る。

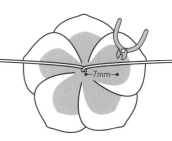

7mm

花を裏に返して花芯のワイヤーを交差して左右にひろげ、7mmほど残して余分を切る。

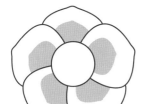

保護用フェルトにボンドを塗り、花の裏に貼る。

### 茎付きの3枚葉と5枚葉を作る

ワイヤー付きの葉3本を束ねて刺しゅう糸【濃緑[1]】を巻き、3枚葉を作る。

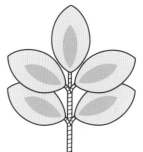

ワイヤー付きの葉5本を束ねて刺しゅう糸【濃緑[1]】を巻き、5枚葉を作る。

# 41. 桜

作品ページ：P.6, 47, 59
出来上がりサイズ：横7×縦10cm

## 材料

〈25番刺しゅう糸〉
淡桃 (948)
桃 (754)
濃桃 (3778)
茶 (3830)
緑 (732)
濃緑 (730)
黄緑 (734)
こげ茶 (938)

〈フェルト〉
桃 (301)
　6cm角…3枚《花弁》
　5cm角…2枚《つぼみ花弁》
緑 (442)
　6×4cm…3枚《葉》
　3cm角…3枚《ガク》

〈ワイヤー〉
#26 (DG) 36cm…6本《花芯＋葉》
#30 (DG) 36cm…4本《つぼみ》

〈ビーズ〉
ウッドビーズ
　(N小／キジ)…2個《つぼみ》
　(R小／キジ)…2個《つぼみ》
丸大ビーズ (No191／つや消し桃)…2個《つぼみ》

〈その他〉
ペップ (素玉中)…適量《花芯》
アクリル絵の具 (イエロー)…適量《花芯》

## 作り方

＊型紙はP.97
＊フェルトの裁断はP.107参照

1. 花弁を3枚作る。(P.17 Tech1参照)
2. ペップを着色し、束ねて花芯を1本作る。(P.49 Tech23参照)
3. ガクとワイヤー付きの花を3本作る。(P.51 Tech26, 下図参照)
4. ワイヤー付きの葉を3本作る。(P.31 Tech15参照)
5. つぼみのガクaを2本とガクbを2個作る。(P.61 Tech32, P.23 Tech6, 下図参照)
6. つぼみ花弁を2枚作る。(P.17 Tech1参照)
7. ガクとワイヤー付きのつぼみを2本作る。(P.24 Tech7・9, P.61 Tech32, 下図参照)
8. 花と葉とつぼみのワイヤーに刺しゅう糸【濃緑[1]】を巻いて茎を作る。(P.25 Tech10参照)
9. 花と葉とつぼみを束ね、刺しゅう糸【こげ茶[1]】を巻いて端を処理する。(P.25 Tech11, 下図参照)

### ガクとワイヤー付きの花を作る

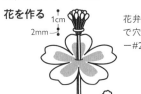

花弁の中心に表から目打ちで穴をあけ、花芯のワイヤー#26(DG)を通す。

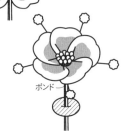

花芯の根元にボンドを塗り、花びらを貼り、待ち針で固定して乾燥させる。ガクの中心に目打ちで穴をあけ、花芯のワイヤーを通す。ボンドを塗って花弁の裏に貼る。

### つぼみのガクaとbを作る

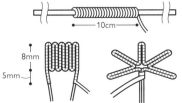

ワイヤー#30(DG)に刺しゅう糸【茶[1]】を10cm巻いて8mm幅に折る。折ったワイヤーを開き、そろった2本のワイヤーに刺しゅう糸【茶[1]】を2〜3回巻いてガクaを作る。糸は切らない。

ウッドビーズ(N小)に刺しゅう糸【緑[1]】を巻いてガクbを作る。

### ガクとワイヤー付きのつぼみを作る

つぼみ花弁の中心に裏から目打ちで穴をあけ、つぼみの芯のワイヤーを通す。つぼみ花弁にボンドを塗り、ウッドビーズに貼る。

ワイヤー#30(DG)に丸大ビーズ(つや消し桃)を通してねじる。ウッドビーズ(R小)を通してボンドで貼る。

 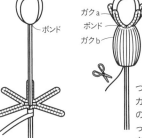

ガクaをつぼみの形に沿わせたらワイヤーに残しておいた刺しゅう糸【茶[1]】を巻く。

つぼみのワイヤーにガクbを通してガクaの根元にボンドを塗って貼る。余分な糸をカットする。

### 花と葉とつぼみを束ねる

花とつぼみ、葉を束ねてワイヤーに刺しゅう糸【こげ茶[1]】を巻く。

# 実物大型紙

*型紙の見方は P.3 参照
*[ ]内は糸の本数
*型紙内の線は刺す針目の方向

## 41. 桜

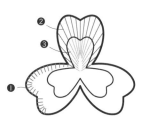
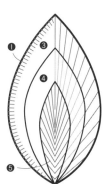

フェルト：花弁・3枚・桃
- ❶ 淡桃　ブランケットS [2]
- ❷ 淡桃　サテンS [3]
- ❸ 桃　サテンS [2]
- ❹ 濃桃　ストレートS [1]

フェルト：つぼみ花弁・2枚・桃
- ❶ 桃　ブランケットS [2]
- ❷ 桃　サテンS [2]
- ❸ 濃桃　ストレートS [1]

フェルト：葉・3枚・緑
- ❶ 緑　ブランケットS [2]
- ❷ ワイヤー #26 (DG)
- ❸ 緑　サテンS [3]
- ❹ 濃緑　サテンS [2]
- ❺ 濃緑　サテンS [2]
- ❻ 黄緑　フライS [1]

フェルト：ガク・3枚・緑

## 43. クリスマスローズ

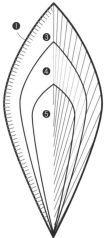

切り込みを入れる

フェルト：花弁・3枚・黄緑
- ❶ 淡黄緑　ブランケットS [2]
- ❷ ワイヤー #24 (白)
- ❸ 淡黄緑　サテンS [3]
- ❹ 黄緑　サテンS [2]
- ❺ 淡緑　ストレートS [2]

フェルト：葉・3枚・緑
- ❶ 淡緑　ブランケットS [2]
- ❷ ワイヤー #24 (DG)
- ❸ 淡緑　サテンS [3]
- ❹ 緑　サテンS [2]
- ❺ 濃緑　サテンS [2]

フェルト：ガク・3枚・緑

# 43. クリスマスローズ

作品ページ：P.50
出来上がりサイズ：横8×縦13cm

## 材料

〈25番刺しゅう糸〉
淡黄緑（772）
黄緑（3348）
淡緑（3347）
緑（3346）
濃緑（3345）

〈フェルト〉
黄緑（405）8cm角…3枚
《花弁》
緑（444）
　8×5cm…3枚《葉》
　4cm角…3枚《ガク》

〈ワイヤー〉
#24
　（DG）36cm…3本《葉》
　（白）36cm…3本《花弁》
#26（白）36cm…3本《花芯》

〈その他〉
ペップ（素玉小）…適量《花芯内側》
ペップ（バラ）…適量《花芯外側》
アクリル絵の具（イエロー）…適量《花芯》

## 作り方

＊型紙はP.97
＊フェルトの裁断はP.107参照

1 ワイヤー入りの花弁を3枚作る。（P.23 Tech5参照）
2 2段構造の花芯を3本作る。（P.51 Tech25,下図参照）
3 ガクとワイヤー付きの花を3本作る。（下図参照）
4 ワイヤー付きの葉を3本作る。（P.31 Tech15参照）
5 花と葉のワイヤーに刺しゅう糸【濃緑[1]】を巻いて茎を作る。（P.25 Tech10参照）
6 花と葉を束ね、刺しゅう糸【濃緑[1]】を巻いて端を処理する。（P.25 Tech11,下図参照）

### 2段構造の花芯を作る

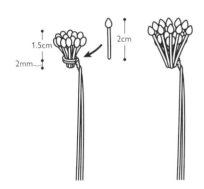

着色したペップ（素玉小）をワイヤーで束ね、ボンドを塗って周りにペップ（バラ）を貼る。

### ガクとワイヤー付きの花を作る

花弁の形を整え、中心に表から目打ちで穴をあけて花芯のワイヤーを通す。

花芯の根元にボンドを塗って花弁を貼る。

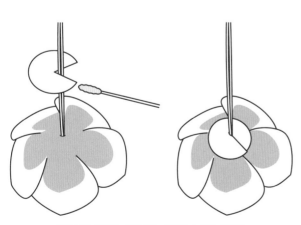

ガクにボンドを塗ってワイヤーを挟むようにして貼る。

### 花と葉を束ねる

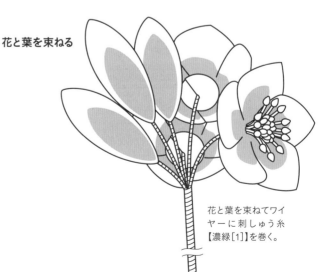

花と葉を束ねてワイヤーに刺しゅう糸【濃緑[1]】を巻く。

# 44.アネモネ

作品ページ：P.50
出来上がりサイズ：横5×縦5cm

## 材料

### A色

〈25番刺しゅう糸〉
淡紫 (3835)
紫 (3834)
濃紫 (154)
薄紫 (3836)
青 (823)

〈フェルト〉
紫 (680)
　9cm角…1枚《花弁》
　4cm角…1枚《保護用》

〈ワイヤー〉
#24 (白) 36cm…2本《花弁》
#26 (白) 36cm…1本《おしべ》

〈その他〉
ボンテン(濃紺) 直径8mm…1個《めしべ》
ペップ(バラ)…適量《おしべ》
アクリル絵の具(ロイヤルブルー、ブラック、レッド)
…適量《おしべ》

### B色

〈25番刺しゅう糸〉
淡青 (3839)
青 (3838)
濃青 (3807)
水色 (3840)
紫 (211)

〈フェルト〉
青 (553)
　9cm角…1枚《花弁》
　4cm角…1枚《保護用》

〈ワイヤー〉
#24 (白) 36cm…2本《花弁》
#26 (白) 36cm…1本《おしべ》

〈その他〉
ボンテン(紫) 直径8mm…1個《めしべ》
ペップ(バラ)…適量《おしべ》
アクリル絵の具(プラム、バーントアンバー)
…適量《おしべ》

## 作り方

*フェルトの裁断はP.107参照

**1** ワイヤー入りの花弁を1枚作る。(P.23 Tech5参照)

**2** ペップを着色し、束ねておしべを1本作る。
　(P.49 Tech23,下図参照)

**3** ボンテンに指定の刺しゅう糸を貼り、めしべを1個作る。
　(P.53 Tech27,下図参照)

**4** 花を作る。(P.49 Tech24,下図参照)

A色(紫)
B色(青)

### おしべを作る

着色したペップをワイヤーで束ね、ボンドを塗り、おしべを作る。

### 花を作る

花弁の中心に表から目打ちで穴をあけ、おしべのワイヤーを通す。おしべの根元にボンドを塗り、花弁を貼る。

おしべを広げ、めしべの裏にボンドを塗っておしべの中心に貼る。

### めしべを作る

刺しゅう糸【青[6]】をフレーク状に細かく刻んでボンテンに貼る。B色の作品は刺しゅう糸【紫[6]】。

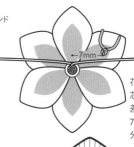

花を裏に返して花芯のワイヤーを交差させて左右に広げ、7mmほど残して余分を切る。

保護用フェルトにボンドを塗り、花の裏に貼る。

### 実物大型紙

*型紙の見方はP.3参照
*〈 〉内はB色の作品、[ ]内は糸の本数
*型紙内の線は刺す針目の方向

フェルト：保護用・1枚・紫〈青〉

フェルト：花弁・1枚・紫〈青〉
❶淡紫〈淡青〉　ブランケットS[2]
❷ワイヤー#24(白)
❸淡紫〈淡青〉　サテンS[3]
❹紫〈青〉　サテンS[2]
❺濃紫〈濃青〉　サテンS[2]
❻薄紫〈水色〉　ストレートS[1]

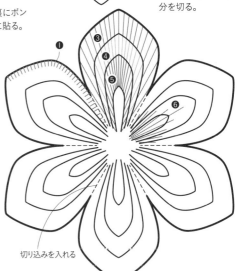

切り込みを入れる

# 45. ノースポール

作品ページ：P.52
出来上がりサイズ：横5×縦12cm

## 材料

〈25番刺しゅう糸〉
白（3865）
黄緑（3348）
黄（3821）
緑（3346）
濃緑（3345）

〈フェルト〉
白（701）6cm角…2枚《花弁》
緑（444）7×4cm…2枚《葉》

〈ワイヤー〉
#24（DG）…4本《花芯＋葉》

〈その他〉
ボンテン（黄）直径8mm…2個《花芯》

## 作り方

＊フェルトの裁断はP.107参照

1 花弁を2枚作る。（P.17 Tech1参照）
2 花芯を2本作る。（P.53 Tech27、下図参照）
3 ワイヤー付きの花を2本作る。（下図参照）
4 ワイヤー付きの葉を2本作る。（P.31 Tech15参照）
5 花と葉のワイヤーに刺しゅう糸【濃緑[1]】を巻いて茎を作る。（P.25 Tech10参照）
6 花と葉を束ね、刺しゅう糸【濃緑[1]】を巻いて端を処理する。（P.25 Tech11参照）

2.5cm
4.5cm

### 花芯を作る

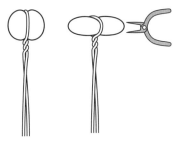

ボンテンに中央で半分に折ったワイヤー#24（DG）をかけ、根元を2～3回ねじる。ボンテンを扁平につぶす。

刺しゅう糸【黄[6]】を細かく切り、ボンテンに貼り付ける。

### ワイヤー付きの花を作る

ボンド

花弁の中心に表から目打ちで穴をあけ、花芯のワイヤーを通す。花芯の裏にボンドを塗って花弁に貼る。

指先で花びらに表情をつけながら貼る。

### 実物大型紙

＊型紙の見方はP.3参照
＊[ ]内は糸の本数
＊型紙内の線は刺す針目の方向

切り込みを入れる

フェルト：花弁・2枚・白
❶ 白　ブランケットS[2]
❷ 白　サテンS[2]
❸ 黄緑　ストレートS[1]

フェルト：葉・2枚・緑
❶ 緑　ブランケットS[2]
❷ ワイヤー#24（DG）
❸ 緑　サテンS[3]
❹ 濃緑　サテンS[2]

# 47.ミヤコワスレ

作品ページ：P.52
出来上がりサイズ：横7×縦16cm（A色）・横4×縦15cm（B色）

### 材料

**A色**
〈25番刺しゅう糸〉
青（826）
濃青（825）
緑（703）
濃緑（702）

〈フェルト〉
青（553）6cm角…1枚《花弁》
緑（443）
　7×4cm…3枚《葉》
　3cm角…1枚《ガク》

〈ワイヤー〉
#24（DG）…4本《花＋葉》

〈その他〉
ボンテン（黄）直径8mm…1個《花芯》

**B色**
〈25番刺しゅう糸〉
桃（3706）
濃桃（3705）
緑（906）
濃緑（905）

〈フェルト〉
桃（105）6cm角…1枚《花弁》
緑（443）
　7×4cm…1枚《葉》
　3cm角…1枚《ガク》

〈ワイヤー〉
#24（DG）…2本《花＋葉》

〈その他〉
ボンテン（黄）直径8mm…1個《花芯》

### 作り方
＊フェルトの裁断はP.107参照

1 花弁を1枚作る。（P.17 Tech1参照）
2 ガクとワイヤー付きの花を1本作る。
　（P.30 Tech14,下図参照）
3 ワイヤー付きの葉をA色は3本、B色は1本作る。
　（P.31 Tech15参照）
4 花と葉のワイヤーに刺しゅう糸【濃緑[1]】を巻いて茎を作る。
　（P.25 Tech10参照）
5 花と葉を束ね、刺しゅう糸【濃緑[1]】を巻いて端を処理する。
　（P.25 Tech11,下図参照）

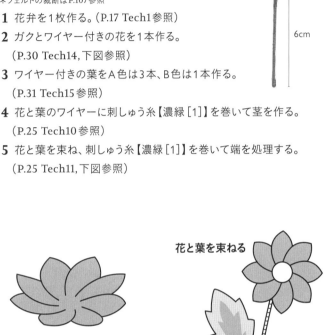

A色（青）
B色（ピンク）

8cm
6cm

### ガクとワイヤー付きの花を作る

ボンテンにボンドを塗って花弁の中央に貼る。

待ち針を花弁の裏から刺して立体的に固定する。

ボンド

ガクの中心に目打ちで穴をあけ、P.30 Tech14を参照して中央に輪を作ったワイヤーを通してボンドで貼る。ガクにボンドを塗って花弁の裏に貼る。

### 花と葉を束ねる

花と葉を束ねてワイヤーに刺しゅう糸【濃緑[1]】を巻く。

### 実物大型紙
＊型紙の見方はP.3 参照
＊〈　〉内はB色の作品、[　]内は糸の本数
＊型紙内の線は刺す針目の方向

切り込みを入れる

フェルト：花弁・1枚・青〈桃〉
❶青〈桃〉　　ブランケットS[2]
❷青〈桃〉　　サテンS[2]
❸濃青〈濃桃〉　ストレートS[1]

フェルト：ガク・1枚・緑〈緑〉

フェルト：葉・3枚〈1枚〉・緑〈緑〉
❶緑〈緑〉　　ブランケットS[2]
❷ワイヤー#24（DG）
❸緑〈緑〉　　サテンS[3]
❹濃緑〈濃緑〉　サテンS[2]

# 51. フサスグリ

作品ページ：P.59
出来上がりサイズ：横5×縦8cm

## 材料

〈25番刺しゅう糸〉
淡緑（906）
緑（905）
濃緑（904）
茶（801）

〈フェルト〉
緑（443）7×8cm…1枚《葉》

〈ワイヤー〉
#24（DG）36cm…18本《実＋葉》

〈ビーズ〉
ハンドメイドビーズ（α-5131-4／赤）…17個《実》

## 作り方

*フェルトの裁断はP.107参照

1. ワイヤー付きの葉を1本作る。（P.31 Tech15参照）
2. 葉のワイヤーに刺しゅう糸【茶[1]】を巻いて茎を作る。（P.25 Tech10参照）
3. ワイヤー付きの実を17本作る。（P.64 Tech35, 下図参照）
4. 実のワイヤーに刺しゅう糸【濃緑[1]】を巻いて茎を作る。（P.25 Tech10, 下図参照）
5. 実を束ね、刺しゅう糸【濃緑[1]】を巻く。（P.25 Tech11, 下図参照）
6. 葉と実を束ね、刺しゅう糸【茶[1]】を巻いて端を処理する。（P.25 Tech11, 下図参照）

**茎付きの葉を作る**

ワイヤー付きの葉を作り、ワイヤーに刺しゅう糸【茶[1]】を巻いて茎を作る。

**ワイヤー付きの実を作る**

ワイヤー#24（DG）の先に刺しゅう糸【茶[1]】を1cm巻き、先を半分に折る。

ハンドメイドビーズを通し、曲げたワイヤーの先にボンドを塗って貼る。全17個作る。

**実に茎を作る**

ワイヤーに刺しゅう糸【濃緑[1]】を巻いて茎を作る。

**実を束ねる**

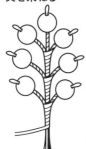

実7本を束ねながらワイヤーに刺しゅう糸【濃緑[1]】を巻き、これを2本作る。同様にして実3本を束ねたものを1本作る。

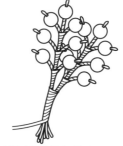

束ねた実をさらにまとめ、刺しゅう糸【濃緑[1]】を巻く。

**実と葉を束ねる**

実と葉を束ねてワイヤーに刺しゅう糸【茶[1]】を巻く。

## 実物大型紙

*型紙の見方はP.3参照
*[ ]内は糸の本数
*型紙内の線は刺す針目の方向

**フェルト：葉・1枚・緑**

❶ 淡緑　ブランケットS[2]
❷ ワイヤー#24（DG）
❸ 淡緑　サテンS[3]
❹ 緑　サテンS[2]
❺ 濃緑　サテンS[2]
❻ 濃緑　サテンS[2]

# 53. アジサイ

作品ページ：P.7,62
出来上がりサイズ：横6×縦14cm

## 材料

〈25番刺しゅう糸〉
水色 (807)《花弁A色》
濃水色 (3809)《花弁A色》
青 (794)《花弁B色》
濃青 (793)《花弁B色》
淡緑 (733)
緑 (732)
濃緑 (730)
黄緑 (165)

〈フェルト〉
水色 (554) 4cm角…7枚《花弁A色》
青 (553) 4cm角…7枚《花弁B色》
緑 (442) 9×7cm…1枚《葉》

〈ワイヤー〉
#30 (DG) 36cm…14本《花芯》
#24 (DG) 36cm…1本《葉》

〈ビーズ〉
丸大ビーズ (No21／つや消し白)…14個《花芯》

## 作り方
＊フェルトの裁断はP.107参照

1 花弁A色、花弁B色を各7枚作る。（P.17 Tech1参照）
2 花芯を14本作る。（下図参照）
3 ワイヤー付きの花A色、B色を各7本作る。（下図参照）
4 ワイヤー付きの葉を1本作る。（P.31 Tech15参照）
5 花を束ね、ワイヤーに刺しゅう糸【濃緑[1]】を巻いて茎を作る。（P.25 Tech10,下図参照）
6 葉のワイヤーに刺しゅう糸【濃緑[1]】を巻いて茎を作る。（P.25 Tech10参照）
7 花と葉を束ね、刺しゅう糸【濃緑[1]】を巻いて端を処理する。（P.25 Tech11参照）

9cm

### 花芯を作る

丸大ビーズをワイヤー#30（DG）に通して根元を2〜3回ねじる。

### ワイヤー付きの花を作る

花弁の中心に表から目打ちで穴をあけて花芯のワイヤーを通す。

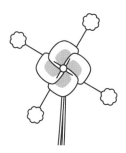

丸大ビーズにボンドを塗って花弁を貼る。花びらが立体的になるように待ち針を花弁の裏に刺して固定して乾燥させる。

### 茎付きの花を作る

ワイヤー付きの花を束ねてワイヤーに刺しゅう糸【濃緑[1]】を巻いて茎を作る。

### 実物大型紙
＊型紙の見方はP3参照
＊〈　〉内は花弁B色、［　］内は糸の本数
＊型紙内の線は刺す針目の方向

**フェルト：葉・1枚・緑**
1. 淡緑　ブランケットS[2]
2. ワイヤー#24(DG)
3. 淡緑　サテンS[3]
4. 緑　サテンS[2]
5. 濃緑　サテンS[2]
6. 濃緑　サテンS[2]
7. 黄緑　フライS[1]

**フェルト：花弁・各7枚・水色〈青〉**
1. 水色〈青〉　ブランケットS[2]
2. 水色〈青〉　サテンS[2]
3. 濃水色〈濃青〉　ストレートS[1]

# 52. タチアオイ
## 53. タチアオイの花

作品ページ：P.8,62
出来上がりサイズ：横9×縦17cm(タチアオイ)
　　　　　　　　 横4×縦4cm(タチアオイの花)

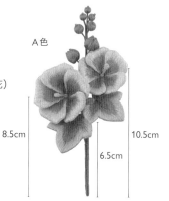

A色

8.5cm　10.5cm　6.5cm

## 材料

### A色

〈25番刺しゅう糸〉
淡紫(3747)
紫(340)
濃紫(3746)
黄緑(3348)
淡緑(3347)
緑(3346)

〈フェルト〉
白(701)
　9cm角…1枚《花弁大》
　8cm角…1枚《花弁小》
緑(450) 6cm角…2枚《葉》
濃緑(444) 5cm角…2枚《つぼみ大葉》

〈ワイヤー〉
#26
(DG) 36cm…11本
《花芯+つぼみ大+つぼみ中+つぼみ小+葉》
(白) 36cm…3本《花弁大+花弁小》

〈ビーズ〉
丸大ビーズ
(No148F／黄)…1個《花芯》
(No47／緑)…2個《つぼみ大》
丸小ビーズ(No47／緑)…5個《つぼみ中+つぼみ小》
特小ビーズ(No148F／黄)…適量《花芯》
ウッドビーズ
(R大／キジ)…4個《つぼみ大+つぼみ中》
(R小／キジ)…3個《つぼみ小》

## 作り方(A色)

*フェルトの裁断はP.107参照

1. ワイヤー入りの花弁小と花弁大を各1枚作る。(P.23 Tech5参照)
2. 花芯を2本作る。(P.64 Tech35参照)
3. ワイヤー付きの花小、花大を各1本作る。(P.64 Tech35,下図参照)
4. ワイヤー付きのつぼみ小を3本、つぼみ中を2本作る。(P.23 Tech6,P.24 Tech7,下図参照)
5. つぼみ大葉を2枚作り、ワイヤー付きのつぼみ大を2本作る。(P.17 Tech1,下図参照)
6. ワイヤー付きの葉を2本作る。(P.31 Tech15参照)
7. 花と葉とつぼみのワイヤーに刺しゅう糸【緑[1]】を巻いて茎を作る。(P.25 Tech10参照)
8. 花と葉とつぼみを束ね、刺しゅう糸【緑[1]】を巻いて端を処理する。(P.25 Tech11,下図参照)

### ワイヤー付きのつぼみ小と中を作る

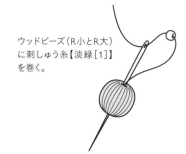

ウッドビーズ(R小とR大)に刺しゅう糸【淡緑[1]】を巻く。

ボンド

丸小ビーズ(緑)をワイヤー#26(DG)に通して根元を2〜3回ねじり、ウッドビーズ(R大)を通す。丸小ビーズの根元にボンドを塗ってつぼみ中の完成。つぼみ小も同様にしてウッドビーズ(R小)、丸小ビーズ(緑)で作る。

### ワイヤー付きの花を作る

花弁大の中心に表から目打ちで穴をあけ、花芯のワイヤーを通す。丸大ビーズの根元にボンドを塗り、花弁大に貼る。花大の完成。花小は花弁小で作る。

### ワイヤー付きのつぼみ大を作る

丸大ビーズ(緑)をワイヤー#26(DG)に通して根元を2〜3回ねじる。

ボンド

ウッドビーズ(R大)をワイヤーに通して丸大ビーズの根元にボンドを塗って貼る。

つぼみ大葉の中心に裏から目打ちで穴をあけ、ワイヤーを通す。

ボンド

(裏)

つぼみ大葉の裏全体にボンドを塗ってウッドビーズを貼る。

### 花と葉とつぼみを束ねる

つぼみ小、つぼみ中、つぼみ大、花小、花大、葉の順に向きをずらして束ね、ワイヤーに刺しゅう糸【緑[1]】を巻く。

## 材料

**B色**
〈25番刺しゅう糸〉
淡茶(3721)
茶(221)
こげ茶(3371)
黄緑(3348)

〈フェルト〉
赤(117)
　8cm角…1枚《花弁小》
　3cm角…1枚《保護用》

〈ワイヤー〉
#26
　(DG)36cm…1本《花芯》
　(白)36cm…1本《花弁小》

〈ビーズ〉
丸大ビーズ(No148F／黄)…1個《花芯》
特小ビーズ(No148F／黄)…適量《花芯》

**C色**
〈25番刺しゅう糸〉
淡紫(3743)
紫(3042)
濃紫(3041)
黄緑(3348)

〈フェルト〉
白(701)
　8cm角…1枚《花弁小》
　3cm角…1枚《保護用》

〈ワイヤー〉
#26
　(DG)36cm…1本《花芯》
　(白)36cm…1本《花弁小》

〈ビーズ〉
丸大ビーズ(No148F／黄)…1個《花芯》
特小ビーズ(No148F／黄)…適量《花芯》

B色(赤)
C色(薄紫)

### 作り方(B・C色)
*フェルトの裁断はP.107参照

1 花弁小を1枚作る。(P.17 Tech1参照)
2 花芯を1本作る。(P.64 Tech35参照)
3 茎なしの花を作る。(P.49 Tech24,下図参照)

### 茎なしの花(B色とC色)を作る

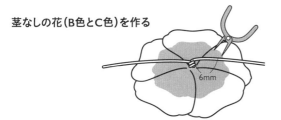

花を裏に返して花芯のワイヤーを交差させて左右にひろげ、6mmほど残して余分を切る。保護用フェルトにボンドを塗って花の裏に貼る。

重なる花弁同士の裏側にボンドを塗って貼り合わせる。

待ち針で固定して完全に乾燥させる。

### 実物大型紙
*型紙の見方はP.3参照
*〈 〉内はBとC色の作品、[ ]内は糸の本数
*型紙内の線は刺す針目の方向

**フェルト:つぼみ大葉・2枚・濃緑**
❶淡緑　ブランケットS[2]
❷淡緑　サテンS[2]
❸緑　ストレートS[1]

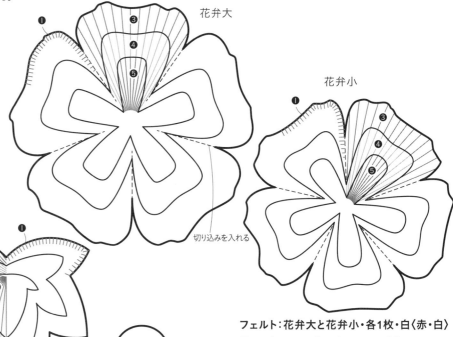

花弁大

花弁小

切り込みを入れる

**フェルト:葉・2枚・緑**
❶黄緑　ブランケットS[2]
❷ワイヤー#26(DG)
❸黄緑　サテンS[3]
❹淡緑　サテンS[2]
❺緑　ストレートS[2]

**フェルト:保護用・1枚・〈赤・白〉**

**フェルト:花弁大と花弁小・各1枚・白〈赤・白〉**
❶淡紫〈淡茶・淡紫〉　ブランケットS[2]
❷ワイヤー#26(白)
❸淡紫〈淡茶・淡紫〉　サテンS[3]
❹紫〈茶・紫〉　サテンS[2]
❺濃紫〈こげ茶・濃紫〉　サテンS[2]

## アレンジメント

数種の花を組み合わせて作ります

### 作り方

1 各花の作り方を参照して各パーツを作る。
2 各パーツのワイヤーに刺しゅう糸を巻いて茎を作る。(P.25 Tech10参照)
3 すべてを束ね、ワイヤーに刺しゅう糸を巻いて端の処理をする。(P.25 Tech11参照)
4 P.109を参照して回転ピンに刺しゅう糸を巻いて作品の裏に貼る。

---

## 春色のコサージュ

作品ページ：P.12、カバー袖
出来上がりサイズ：横7×縦14cm

**フラックス(P.58)の材料 (花1本+つぼみ2本)**

〈25番刺しゅう糸〉
淡紫(33・花弁)／紫(34・花弁)／濃紫(29・つぼみ)／黄緑(12・花弁)／クリーム(19・おしべ)／薄桃(23・おしべ)／緑(3346・つぼみ)／濃緑(3345・つぼみ)

〈フェルト〉
赤(120・花弁)／濃緑(444・つぼみ)

〈ワイヤー〉
#26(DG) 36cm … 2本《つぼみ》
#30(DG) 36cm … 5本《おしべ》

〈ビーズ〉
丸大ビーズ(No2108／紫) … 2個《つぼみ》

**ワイルドローズ(P.91)の材料 (花1本+葉9本+実2本)**

〈25番刺しゅう糸〉
濃青(32・花弁)／青(30・花弁)／薄紫(25・花弁)／黄緑(580・葉)／濃黄緑(730・葉)／緑(3346・葉)／濃緑(3345・葉)

〈フェルト〉
紫(662・花弁)／緑(442・葉6枚)／濃緑(444・葉3枚)

〈ワイヤー〉
#21(DG) 18cm … 2本《実》
#26(DG) 36cm … 1本《花芯》
#28(DG) 36cm … 9本《葉》

〈その他〉
ペップ、樹脂粘土、絵の具、水性アクリルニス…P.91参照

---

## 夏色のコサージュ

作品ページ：カバー袖
出来上がりサイズ：横7×縦9cm

**アジサイ(P.103)の材料 (花3本)**

〈25番刺しゅう糸〉
淡紫(26・花弁)／濃紫(28・花弁)

〈フェルト〉
白(701・花弁)

〈ワイヤー〉
#30(DG) 36cm … 3本《花芯》

〈ビーズ〉
丸大ビーズ(No47) … 3個《花芯》

**ワイルドストロベリー(P.61)の材料 (花1本+実2本)**

〈25番刺しゅう糸〉
黄(18・花弁)／橙(21・花弁)／濃緑(500・実の茎)

〈フェルト〉
黄(331・花弁)

〈ワイヤー〉
#21(DG) 18cm … 2本《実》
#30(DG) 36cm … 3本《花芯+ヘタ》

〈その他〉
ペップ、樹脂粘土、絵の具、水性アクリルニス…P.61参照

**コスモス(P.74)の材料 (葉大5本+つぼみ1本)**

〈25番刺しゅう糸〉
淡茶(3830・つぼみ)／茶(355・つぼみ)／黄緑(12・葉大)／薄緑(16・葉大)

〈フェルト〉
橙(144・つぼみ花弁)／緑(450・葉大)

〈ワイヤー〉
#26(DG) 36cm … 6本《つぼみ+葉大》

〈ビーズ〉
ウッドビーズ(R小／キジ) … 1個《つぼみ》
アンバーカラービーズ(No2152／茶) … 1個《つぼみ》

---

## 冬色のコサージュ

作品ページ：P.11、カバー袖
出来上がりサイズ：横7×縦9cm

**ワイルドローズ(P.91)の材料 (花1本+葉8本)**

〈25番刺しゅう糸〉
濃灰(03・花弁)／灰(02・花弁)／薄灰(01・花弁)／薄茶(07・葉)／茶(08・葉)

〈フェルト〉
灰(771・花弁)／茶(235・葉)

〈ワイヤー〉
#26(DG) 36cm … 1本《花芯》
#28(DG) 36cm … 8本《葉》

〈その他〉
ペップ、絵の具…P.91参照

**ヤドリギ(P.90)の材料 (実2本)**

〈25番刺しゅう糸〉
茶(08・茎)

〈ワイヤー〉
#24(DG) 18cm … 2本《実》

〈その他〉
樹脂粘土、絵の具、水性アクリルニス…P.90参照

## 基本のテクニック

### 型紙の作り方（フェルトの裁断）

**1** 刺しゅうを始める前に型紙を準備する。図案の上に厚手のトレーシングペーパーを重ねる

**2** ペンで図案をなぞる

**3** 図案の外側に沿って裁断する。型紙の完成

**4** フェルトの上に型紙を重ね、チャコペルで輪郭をなぞる

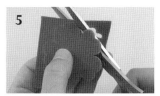

**5** チャコペルの輪郭の内側をはさみで裁断する

**6** 完成。チャコペルで描いた面が裏になる

### 刺し始めの処理

**1** 針に刺しゅう手順❶の刺しゅう糸を通してフェルトを少しすくう。フェルトの表に針目がひびかないようにする

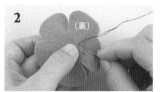

**2** 糸を引いてもう一度同じ場所でフェルトを少しすくう（玉結びの代わり）

**3** 針を表に出して刺しゅうをする

### 刺し終わりの処理

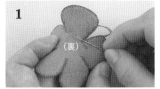

**1** 刺しゅうの刺し終わりにフェルトを少しすくう。フェルトの表に針目がひびかないようにする

**2** 糸を引いてもう一度同じ場所でフェルトを少しすくう（玉結びの代わり）

**3** 針を引いて糸を切る

### ワイヤーの端の処理

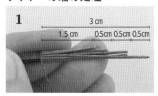

**1** 巻き終わりに近づいてきたらワイヤーを段階状に切り落とす

**2** ボンドを塗って糸を端まで巻く

**3** ワイヤーの★の位置をペンチで折り曲げる

**4** 矢印（→）の方向に糸を巻く

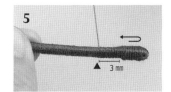

**5** 端まで巻いたら、矢印（←）の方向に▲まで巻き戻る

**6** 巻き終わりは糸にボンドを塗ってワイヤーに貼り、切る

**7** ワイヤーの向きをペンチで整える

## 基本のステッチ
本書で使っている
刺しゅうの刺し方を紹介

### 1. ブランケットステッチ
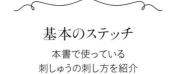
2〜3をくり返す

### 2. サテンステッチ
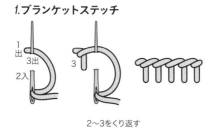

### 3. ストレートステッチ
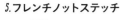

### 4. バックステッチ
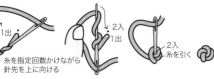

### 5. フレンチノットステッチ
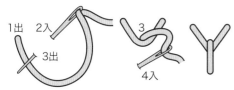

### 6. バリオンステッチ
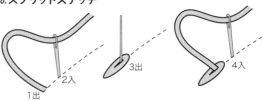

### 7. フライステッチ

### 8. スプリットステッチ

### 9. レイジーデイジーステッチ
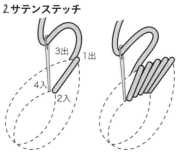

★ **糸の引きそろえ方**
この作業をすることにより、ふんわりとした刺しゅうをすることができます

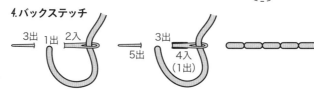
1
6本によられた刺しゅう糸の1本を引き出す

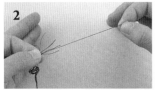
2
刺しゅう糸の根元を押さえて1本ずつ必要な本数を引き抜く

3
必要な本数引き抜いたところ

4
必要な本数を引きそろえる

5
針に通す

## アクセサリーの仕立て方
アクセサリー金具を留めつけるための土台を作ります

### ネックレスの接続部分の作り方

**1** ワイヤーの端に目立たない色（茎と同色など）の刺しゅう糸[1]を4cmほど巻く

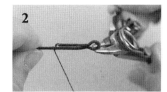

**2** 丸ペンチで、刺しゅう糸を巻いたワイヤーに輪を作る

**3** 2本になったワイヤーに薄くボンドを塗って刺しゅう糸を巻く

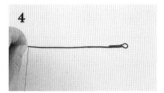

**4** 作品の長さに合わせて刺しゅう糸を巻く。糸は切らない

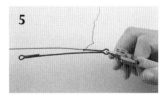

**5** 丸ペンチで輪を作る

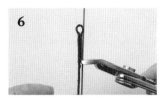

**6** ワイヤーの端と端を突き合わせ、ニッパーで余分を切る

**7** ボンドを塗って2本になったワイヤーに**4**で切らずにおいた刺しゅう糸を端から端まで巻く

**8** 完成

**9** 花の茎に貼って両端の輪に丸カンでネックレスチェーンをつなぐ

応用すればバッグチャームやブレスレットを作ることができます

### 回転ピン・帯留めのつけ方

**1** ボンドを塗る

そのまま貼ることもできますが、刺しゅう糸を巻いた方がよりきれいに仕上がります

**2** 目立たない色（茎と同色など）の刺しゅう糸[1]を巻く

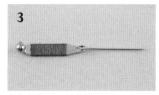

**3** 土台全体にしっかり巻く

**4** 花の茎に貼ってコサージュの完成

### 皿付きアクセサリー金具の貼り方

**1** 皿に手芸用接着剤（金属も貼れるもの）を塗って花の裏に貼る

茎なしの花は、皿付きブローチ、皿付きヘアクリップ、皿付きヘアピン、皿付きハットピン、皿付きかんざし、皿付きタックピンなどに貼るだけで簡単にアクセサリーに仕立てることができます

## 材料と道具の紹介

本書の作品に使われている
手芸材料と使い勝手の
よい道具を紹介

### 花になる材料

フェルト ミニー

25番刺しゅう糸

### アクセサリー用金具

ハットピン・ヘアクリップ・ヘアピン・
かんざし・帯どめ・ブローチピン

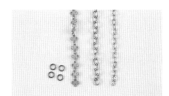
丸カン・チェーン

### 花芯や実に使う材料

樹脂粘土

油絵の具・アクリル絵の具

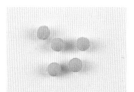
ボンテン

ワイヤー・ペップ（素玉）・ユリ
ペップ

丸型ウッドビーズ・丸大ビーズ・
丸小ビーズ・たる型ウッドビーズ

### 道具

チャコペル
（水で消せる印付けペンシル）

ペン

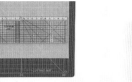
定規・トレーシングペーパー（厚
手）・カッティングボード

ロータリカッター・はさみ

ピンクッション

刺しゅう針7～9号

ニッパー・ペンチ・丸ペンチ

ピンセット・細目打ち・目打ち

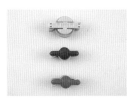
スーパーポンポンメーカー
（35mm・25mm・20mm）

造花用接着剤（かたいタイプ・
ふつうタイプ）

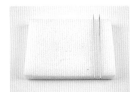
スポンジ・竹串

細工棒・粘土用ボード

水性ニス用筆

水性アクリルニス（ツヤ消し・厚
塗りツヤ出し・半ツヤ出し）

**その他に必要なもの**　手芸用接着剤・木綿糸・待ち針・小皿・手芸用わた・マスキングテープ・くし・クリアファイル・セロハンテープなど

## 材料のお問い合わせ先

### フェルト ミニー200

このシートフェルトを土台にして可憐な花たちが誕生します。刺しゅう糸の下に隠れてしまうけど、オフフープの立体刺しゅうのメイン素材。厚さ約1mm、20cm角、ウール60％、レーヨン40％の手芸作品に使いやすいフェルトです。花色に合わせて選べる63色展開が魅力。

**サンフェルト株式会社**
〒111-0042　東京都台東区寿2-1-4
TEL：03-3842-5562（代）
FAX：03-3842-5565
http://www.sunfelt.co.jp/

### 25番刺しゅう糸

500色のカラーバリエーションと美しい艶が自慢の刺しゅう糸。6本の細い糸がより合されている、1束8m。作品には、細い糸を必要な本数引きそろえて使用しています。

**ディー・エム・シー株式会社**
〒101-0035　東京都千代田区神田紺屋町13番地 山東ビル7F
TEL：03-5296-7831　FAX：03-5296-7833
www.dmc.com

 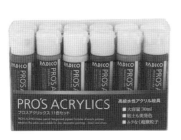  

### 樹脂粘土、絵の具、筆

実に使う透明感・透光性のある高級樹脂粘土 モデナは水に強く、しなやかで丈夫な樹脂製の粘土。樹脂粘土を着色するときに必要な絵の具はプロスアクリックス、プロスオイルカラーがおすすめ。色も10色以上の用意があります。固まった粘土に水性アクリルニスを塗る時は専用筆で。穂先がナイロン100％なので耐久性は抜群です。

**株式会社パジコ**
〒150-0001　東京都渋谷区神宮前1-11-11-607
TEL：03-6804-5171（代）　http://www.padico.co.jp

トーホー株式会社
〒733-0003
広島市西区三篠町2-19-6
TEL：082-237-5151（代）
http://www.toho-beads.co.jp/

### ビーズ

丸小（2～2.2mm）や丸大（3mm）、グラスビーズ、ウッドビーズ（丸玉、ナツメ型）などを実や花芯、ポイントに使います。色数も多く、さまざまなビーズがあるので楽しめます。

### ペップ・ワイヤー

ペップにはバラやユリなど花の特徴のあるもの、頭の丸い素玉ペップがなどあり、ワイヤーは茎や枝、ツルに大活躍。ワイヤーに記載された数字は太さを表し、数字が小さいほど太くなります。

**株式会社 深雪スタジオ**
〒164-0003
東京都中野区東中野5-17-28
TEL：03-3363-4511　FAX：03-3363-4514
http://www.miyuki-st.co.jp/

### 機能的な道具類

お気に入りの使いやすい道具で作業効率を高めましょう。切れ味の良いはさみや小回り抜群のロータリーカッター、ワイヤーを曲げたり、切るのに使うペンチやニッパー、ふさふさな花を作るのに必要なスーパーポンポンメーカーなどがあれば作品づくりがもっと楽しくなります。

**クロバー株式会社**
〒537-0025　大阪市東成区中道3-15-5
TEL：06-6978-2277（お客様係）
http://www.clover.co.jp/

## PieniSieni（ピエニシエニ）

日本フェルタート協会代表理事。
刺しゅう枠を使わないオフフープ技法による立体刺しゅうを考案。
シートフェルトにビーズや刺しゅうを施して立体的な花や昆虫を制作しており、カラフルな色使いを得意とする。
文部科学大臣賞をはじめ受賞多数。著書に「フェルトと遊ぶ」（マガジンランド）、「フェルトで作る花モチーフ92」（講談社）がある。
日本ヴォーグ社「テナライ」にて立体刺しゅうの通信講座を監修。
2018年にヴォーグ学園、池袋コミュニティ・カレッジ、SUNFELT SHOPにて講座開講予定。
HP：http://pienisieni.com/　ブログ：https://pienisieni.exblog.jp/
ツイッター：@kippermum　インスタグラム：pienikorvasieni
＊日本フェルタート協会に無断でレシピや技法を公開、商用利用することは固くお断りします。

## Staff

**ブックデザイン** 望月昭秀＋境田真奈美（ニルソンデザイン事務所）
**撮影** 白井由香里
**スタイリング** 鍵山奈美
**トレース** 株式会社ウエイド手芸部（原田鎮郎・森崎達也・渡辺信吾）
**編集** 向山春香
**編集デスク** 西津美緒

### 材料協力

クロバー株式会社
大阪市東成区中道3-15-5　TEL：06-6978-2277（お客様係）

サンフェルト株式会社
東京都台東区寿2-1-4　TEL：03-3842-5562（代）

トーホー株式会社
広島市西区三篠町2-19-6
TEL：082-237-5151（代）

ディー・エム・シー株式会社
東京都千代田区神田紺屋町13番地 山東ビル7F
TEL：03-5296-7831

株式会社パジコ
東京都渋谷区神宮前1-11-11-607　TEL：03-6804-5171（代）

株式会社 深雪スタジオ
東京都中野区東中野5-17-28　TEL：03-3363-4511

### 撮影協力
AWABEES
UTUWA

---

35のテクニックと55種の花の型紙
# フェルト刺しゅうの花図鑑

発行日　2018年5月12日　第1刷
　　　　2018年7月18日　第2刷

著者　PieniSieni
発行人　瀬戸信昭
編集人　今ひろ子
発行所　株式会社日本ヴォーグ社
〒164-8705　東京都中野区弥生町5-6-11
TEL 編集03-3383-0634　販売 03-3383-0628
振替 00170-4-9877
出版受注センター TEL 03-3383-0650　FAX 03-3383-0680
印刷所　大日本印刷株式会社
Printed in Japan
©PieniSieni2018
NV70468
ISBN978-4-529-05787-5 C5077

充分に気をつけながら製本しておりますが、万一、乱丁本・落丁本がありましたらお買い求めの書店か小社販売部へお申し出ください。

---

本書の複写に関わる複製、上映、譲渡、公衆送信（送信可能可権を含む）の各権利は株式会社日本ヴォーグ社が管理の委託を受けています。
[JCOPY]（社）出版者著作権管理機構
本書の無断複写は著作権法上での例外を除き禁じられています。複写される場合はそのつど事前に（社）出版者著作権管理機構（Tel.03-3513-6969/Fax.03-3513-6979/E-mail info@jcopy.or.jp）の承諾を得てください。
本書に掲載の作品を商業用に複製することは、固くお断りします。

---

あなたに感謝しております。
## We are grateful.

手作りの大好きなあなたが、この本をお選びくださいまして
ありがとうございます。
内容はいかがでしたでしょうか？
本書が少しでもお役に立てば、こんなにうれしいことはありません。
日本ヴォーグ社では、手作りを愛する方とのおつき合いを大切にし、
ご要望にお応えする商品、サービスの実現を常に目標としています。
小社及び出版物について、何かお気づきの点や
ご意見がございましたら、何なりとお申し出ください。
そういうあなたに、私共は常に感謝しております。

株式会社日本ヴォーグ社社長　瀬戸信昭
Fax.03-3383-0602

日本ヴォーグ社関連情報はこちら
（出版、通信販売、通信講座、スクール・レッスン）
http://www.tezukuritown.com/